Alessa Dion

Prefácio de **Bianca Toledo**

Até que ponto vai o amor?

Alessa Dion

Prefácio de **Bianca Toledo**

Até que ponto vai o **amor?**

Até que ponto vai o **amor?**

Autor:
Alessandra Oliveira
(Alessa Dion)

Revisão:
Andréa Vargas

Projeto gráfico,
Diagramação e Capa:
Isaías Silveira

Diretor Executivo:
Marcio Ricardo Vargas

Diretor de Operações:
Dênio Lara Jr

Dados Internacionais de Catalogação na Publicação (CIP) (Câmara Brasileira do Livro, SP, Brasil)

Dion, Alessa
Até que ponto vai o amor? /
Alessa Dion;
Prefácio de Bianca Toledo. -- 1. ed. --
Santo André, SP : Editora Plural, 2023.

ISBN 978-65-980039-6-8

1. Dion, Alessa 2. Experiências – Relatos 3. Família - História 4. Mulheres - Biografia 5. Narrativas pessoais 6. Superação - Histórias de vida
I. Toledo, prefácio de Bianca.
II. Título.
23-169388 CDD-920.72

Índices para catálogo sistemático:
1. Mulheres : Biografia 920.72
Aline Graziele Benitez - Bibliotecária - CRB-1/3129

Editora Plural
CNPJ 27.400.792/0001-48
editoraplural@outlook.com
Instagram @editoraplural

Sumário

APRESENTAÇÃO

Paulo, o apóstolo, relaciona ao menos quinze de seus atributos: "*O amor é paciente e bondoso. O amor não é ciumento, nem presunçoso. Não é orgulhoso, nem grosseiro. Não exige que as coisas sejam à sua maneira. Não é irritável, nem rancoroso. Não se alegra com a injustiça, mas sim com a verdade. O amor nunca desiste, nunca perde a fé, sempre tem esperança e sempre se mantém firme.*"

O amor é aquilo que permanece para sempre. Fé e esperança são suas fiéis companheiras. O amor tem sua origem em Deus e se torna a principal razão de tudo aquilo que existe e que realmente vale a pena. Ele é o causador das transformações mais saudáveis que sofremos e a plataforma sobre a qual crescemos.

O amor é o desafio feito a todos os seres humanos, ele tempera, adorna e embeleza a vida, e por ser a mais expoente entre as nossas necessidades, amar e ser amado, também se relaciona com aquilo que mais nos faz sentir dor.

Não é fácil falar tendo esse assunto como tema e o que encontraremos aqui não é exatamente a definição dos limites ou das condições em que se ama. Nossa autora tem a perspectiva empírica. Nestas páginas encontraremos força, inspiração e referência.

Também perceberemos o quanto precisamos estar conectados a Deus, para que Ele, o autor do amor, nos capacite a amar.

Há momentos de nossa trajetória em que somos obrigados a verdadeiros sacrifícios pelo amor. Tais sacrifícios serão até entendidos como impossíveis.

Há situações onde não há qualquer sinal de que aquilo que se experimenta esteja relacionado ao amor. Há estações em que não sentimos que estejamos sendo amados, mas saiba que é apenas o que parece, porque Deus, que é o próprio amor, está sempre ali do nosso lado.

Alessandra sabe disso muito bem, por isso cremos que esta publicação é tão importante, e desejamos que chegue às mãos daqueles que precisam ser encorajados, renovados e talvez, até mesmo, despertados. Haverá amadurecimento, haverá cura e restauração na leitura deste trabalho tão precioso. Vamos imergir a partir de agora nesta experiência.

Márcio Vargas
Pastor da Igreja Dínamus, Escritor,
Diretor da Editora Plural

DEDICATÓRIAS

A Ele, que primeiro me amou, dedico este livro, meu Pai celestial, que me capacitou de maneira sobrenatural a passar pelo deserto com resiliência e grande amor. Senhor, tu és tudo o que preciso. Obrigada por me escolher e por me amar.

À minha mãe Elvira, que sempre acreditou em meu potencial e me incentivou em tudo aquilo no que, até hoje, coloquei minhas mãos. Obrigada mãe, por tanto amor e dedicação sem medidas.

Às minhas filhas Isabella e Rebecca que me apresentaram uma nova versão de mim mesma como mãe, e que são minha motivação diária para seguir rumo a uma vida plena e ao cumprimento do meu maior desejo, de se reconhecerem como filhas amadas do Pai!

E à memória do Eduardo, o grande amor da minha vida, que sempre me inspirou à doação e dedicação ao Reino de Deus. Ele fez até onde pôde para que vidas fossem alcançadas e conhecessem o amor de Jesus Cristo. De todos, esse foi seu maior legado.

AGRADECIMENTOS

Agradeço ao meu pai Alexandre, que me formou para ser uma mulher forte, resiliente e de caráter. Sempre me senti muito protegida por seu cuidado. Você sempre foi um grande e precioso exemplo para mim.

À minha mãe, à qual não tenho palavras para expressar o quanto sou grata por seu profundo amor e servidão à minha família. Mulher generosa, que sempre me incentivou a prosseguir rumo ao alvo e nunca permitiu que eu desistisse. Você é o principal pilar que me mantém de pé.

Agradeço à minha irmã Juliana, querida e amada, que jamais me deixou descoberta em oração, que me aconselha e me mostra novas formas e novos caminhos para continuar. Você é a melhor irmã e tia que poderíamos ter, que ama e que cuida com disposição e alegria.

Às minhas amadas meninas, agradeço por permanecerem firmes comigo, sendo meu combustível para continuar caminhando e rompendo em fé. Vocês são a razão da minha força e alegria. Contem comigo para, absolutamente, tudo o que precisarem, para sempre.

Agradeço também à minha amiga-irmã Gabriela, que caminhou comigo durante o processo mais difícil da minha vida, encorajando-me e amando--me com seus ouvidos e companhia por onde eu fosse. Você fez grande diferença em minha jornada para chegar até aqui.

À minha querida e eterna pastora-amiga-irmã Kelle, agradeço por, durante uma vida, amenizar minhas dores com suas palavras, amor e cuidado, sempre me direcionando a focar nas minhas conquistas. Você sempre me levou a acreditar em mim mesma.

E, não posso deixar de agradecer e honrar à minha amiga e missionária Clélia, por me sustentar em oração, todos os dias desde quando nos conhecemos, e por ter sido a maior incentivadora para que eu escrevesse essa obra. Seu amor e disponibilidade pelas vidas são admiráveis. Você é o vaso de honra usado por Deus para abençoar minha vida.

Tenho tanto a agradecer! Em tudo o que passei, fui altamente acolhida por pessoas que o Senhor levantou. Agradeço a todos que direta ou indiretamente caminharam comigo nesse deserto, apoiando, ajudando, orando e crendo que o Senhor faria o melhor e que ficaríamos bem.

Todo o apoio e toda a provisão foram providenciados por Ele. Minha vida o louvará, em gratidão, eternamente.

PREFÁCIO

Este livro toca no fundo do coração de uma forma única e você é capaz de ler de uma só vez, por ser tão envolvente e arrebatador.

Superar grandes dores tem apenas uma vantagem, a de produzir remédio para milhares que sofrem com o que um dia as triturou, como uvas esmagadas para liberar o vinho mais nobre ou aquele raro azeite que se forma com a alta pressão feita no seu fruto.

Falar sobre a morte é desafiador. Não fomos feitos para ela. A perda de si ou de alguém que compartilhava a mesma carne, com as almas entrelaçadas e o espírito ligado a Deus, é como descrever o retrato de uma angústia descomunal. Mas a surpresa deste livro é que neste trajeto de dor, o milagre da restauração, brotava em meio às lágrimas e o desespero.

Um casamento curado no vale, um ministério provado e transformado por experiências fortes de milagres e respostas pontuais de Deus, enquanto uma família se reinventava e aceitava, com muita graça, a despedida de quem ensinou tanto enquanto esteve por aqui.

Conheço Alessandra e conhecia o Edu e suas filhas.

Me emocionei lendo este livro e vi como o cuidado de Deus é detalhista e o quanto Ele nos ensina em cada momento. Como a bíblia diz, em 2 Coríntios 12:9 - "*O seu poder se aperfeiçoa em cada uma das minhas fraquezas, pois sua graça me basta*". Graça essa que nos invade em cada página em que nos pegamos torcendo por esta família, pela vida e também pela vida eterna.

Seja inundado de força e resiliência lendo essa linda História.

Bianca Toledo
Escritora e Conferencista, Pastora da IBA Amoreiras, Líder Senior do Instituto Bianca Toledo e da Missão Global Prova Viva.

DEPOIMENTOS

Sou testemunha de toda trajetória de dor de Alessandra. Ela nos constrange por ser incansável na dedicação e amor. Cheia de esperança, exercitou a fé pelo milagre da cura do amado pastor Eduardo, até que Jesus o levou para sua morada eterna. Alessandra nos mostra que é possível ser esposa, mãe, e responder a um chamado mesmo em situações de extrema oposição. Este livro te ajudará na superação, no caminho de desenvolvimento espiritual e crescimento em fé.

Solange Lara, pastora
@pastorasolangelara

Com certeza a história que a Alessandra narra neste livro vai impactar sua vida. Uma família com tantos sonhos para o futuro que tem seu percurso alterado, de repente, por uma tragédia. Uma história de amor e ressignificação, onde a fé foi e é a base de superação. Pude acompanhar de perto essa história e ver o quanto a Alessandra foi forte e bravamente cuidou dessa família.

Kelle Dutra, pastora e psicóloga
@kelledutra

Conheço a história da Alessandra e a acompanho por muitos anos. É inspirador pensar que, agora, sua vida será transmitida em palavras e poderá abençoar tantas vidas. Com certeza recomendo a leitura inspiradora e motivacional que este livro proporciona.

Ester Lara Gallina, pastora e psicóloga
@ester.laragallina

Sofrimento, renúncia, força e fé. Nos últimos anos de vida do Duda, pude conhecer de perto o significado e o valor de cada uma dessas palavras para a Ale e seus familiares. Testemunhei limites rompidos e mudanças de valores. Aprendi a aceitar que nem todos finais são felizes ou como desejamos, mas que todos os ciclos cumprem seus propósitos. Inúmeras atitudes de amor que meus olhos contemplaram, traduziram-se em palavras de incentivo e inspiração nesse livro, combustível para quem deseja percorrer o caminho da aliança em meio à dor.

Gabriela Kosbiau, jornalista e empresária
@gabiskosbiau

A vida passa muito rápido, e qualquer pessoa de meia-idade sabe disso. O tema é que refletimos pouco sobre as coisas que realmente importam até uma tragédia bater à porta. Neste livro aprendemos que Deus trabalha em nós através de um processo e o verdadeiro milagre está na transformação de nossos corações.

Lafaiete Oliveira Junior, executivo e palestrante
@lafa_3proz

INTRODUÇÃO

"Desse dia, só não me lembro se ele me deu um beijo antes de sair. Eu acho que a despedida foi de longe mesmo. Nunca poderíamos imaginar o que estava por vir."

Naquele 04 de outubro, acordamos para mais um dia rotineiro, aparentemente sem novidades.

Era mais um dia do ano de 2011, que já estava quase acabando. Mais um dia daqueles que sabemos como começa e como termina. Estava um sol radiante, muito calor, e nos levantamos para tomar café juntos. Havia oito meses que nossa filha mais nova, a Rebecca, uma princesinha linda, havia nascido e ainda tínhamos os cuidados e trabalhos com uma bebê recém-nascida. Desci com ela nos braços enquanto nossa filha Isabella, a primogênita de 3 anos e três meses, igualmente linda e muito esperta, ficou dormindo.

Já fui adiantando as coisas e coloquei a mesa. Sentei-me para aguardá-lo enquanto dava de mamar para a bebê. Ainda posso ouvi-lo descendo as escadas e sentir seu perfume no ar... Como sempre, ele estava lindo. Muito bem alinhado. Sua camisa, como todas as que usava, tinha suas iniciais: "E.B.O.". Seu terno preto de risca de giz, maravilhoso, acompanhado de um sapato preto de sola de couro, que também ainda posso ouvir o som do salto no piso frio. Naquela época era o que se usava.

Desse dia, só não me lembro se ele me deu um

beijo antes de sair. Eu acho que a despedida foi de longe mesmo. Nunca poderíamos imaginar o que estava por vir.

Eduardo era um alto executivo, Diretor de Vendas em uma empresa multinacional de Tecnologia da Informação-TI. Também atuava como Pastor Principal na Igreja Sara Nossa Terra, da cidade de São Bernardo do Campo, e dava aulas às terças e sextas em um colégio em Santo André. Estava se preparando para lecionar em Universidades.

Ele sempre foi um cara incrível. Inteligentíssimo, fluente em Inglês e Espanhol.

Viajou desde muito novo para diversos países. Generoso ao extremo. Se alguém lhe pedisse alguma coisa, ele fazia na hora, não importava o que fosse, inclusive dinheiro, tendo-o ou não, ele dava um jeito.

Muito querido entre os familiares, amigos, irmãos e alunos, influenciou e marcou a vida de muitos.

Marido que amava e provia. Pai apaixonado e feliz por termos vivido o milagre de gerar duas filhas, e já sonhava com a terceira. Dizia que queria ser pai de três meninas. Um testemunho lindo que posso te contar em uma próxima obra.

Ele era um homem muito admirável. Tinha, como todos temos, muitas arestas a serem aparadas. E eu, como sua esposa, admirava-o mais do que todos. Eu amava cada um de seus atributos e fazia tudo o que estava ao meu alcance para vivermos o melhor de Deus em nossas vidas. Orando, clamando e esperando tudo o que o Senhor havia preparado para nosso casamento e para nossa família.

Muitas coisas precisavam ser ajustadas, muitas mesmo. Mesmo com tantas dificuldades de relacionamento, fiz a escolha de manter a aliança que fizemos no altar. Se eu escolhesse olhar para as circunstâncias dos meses que antecederam esse dia, talvez ela não tivesse sido esta, de amá-lo e honrá-lo com fidelidade e lealdade até o fim.

Posso te adiantar que Deus é muito fiel. Inicialmente, pode haver o questionamento do porquê passarmos por um processo tão doloroso. O importante é que você somente creia que dEle, por Ele e para Ele são todas as coisas.

Desejo imensamente que Deus abençoe sua leitura e que seu coração se abra para querer capacitar-se a amar até o ponto máximo que você puder!

CAPÍTULO 01

QUANDO O INESPERADO ACONTECE

"Chegamos à conclusão que deveríamos começar a procurar."

Nunca estamos preparados para as más notícias. De alguma forma, nos achamos blindados de alguns acontecimentos. Achamos que situações ruins só acontecem com os vizinhos, mas sabemos que as coisas não são bem assim.

Naquela manhã de terça-feira, o Du, como carinhosamente o chamava, saiu e foi buscar minha mãe, Elvira, a última pessoa que o viu bem, para passar o dia comigo. Estava sem funcionária e, com as meninas pequenas, precisava de ajuda.

A manhã passou rapidamente. Preparamos o almoço e me arrumei para levar a Isa no colégio. Não tinha nada a fazer na rua, e então voltei para casa, passamos uma tarde tranquila.

Quando, por volta das 17h00, percebi que ele ainda não havia me ligado. Normalmente, me chamava para confirmar que a buscaria. Ele fazia questão absoluta de pegá-la todos os dias na escola.

Liguei diversas vezes e nada dele atender. Como não consegui falar, imaginei que estivesse em algum lugar de trabalho que não pudesse usar o celular. Nesse momento, já fiquei com a pulga atrás da orelha. Eu o conhecia como a palma da minha mão e sabia que ele nunca faria aquilo. Se não conseguisse ir buscá-la, daria um jeito de me avisar. Então eu mesma fui.

Chegando na escola, entrei pela baia e aguardei pela entrega dela. Nesse momento, algo muito estranho aconteceu. A Isabella, que era altamente ligada nele, quando viu que era eu quem estava ali e não o pai, surtou. Com tão pouca idade, teve esse entendimento e ficou muito brava. Batia no carro e dizia que não me queria. Dizia que queria o pai. Foi bem difícil controlá-la e colocá-la na cadeirinha no carro, mas consegui.

Descendo aquela rua, pensando nesse sentimento que minha filha teve, eu já intuí que havia algo errado.

Cheguei em casa, minha mãe se foi, e segui minha rotina. Banho, jantar, louça e nada dele.

Já estava em pânico, mas ainda tinha esperança. Esperei o horário de sua entrada no colégio em que dava aulas. Liguei e falei com a coordenadora, que confirmou sua falta. Ela ainda me afirmou que ele nunca havia deixado de avisá-la quando, por algum motivo, não conseguisse chegar. Meu coração já estava saindo pela boca.

Lembrei-me de um amigo próximo do trabalho. Ele me disse que haviam conversado por volta das 12h e que falaram sobre uma reunião que o Duda teria em Piracicaba.

Chegamos à conclusão que deveríamos começar a procurar.

Estradas que levavam para a cidade da reunião, hospitais, delegacias e nada de notícias. Já estava desesperada.

Achamos melhor avisar ao seu irmão, Lafaiete. Justamente naquela noite, ele estava com um pastor que havia conhecido. Estavam começando a caminhar juntos. O Lafa estava voltando para os braços do Pai.

No sábado que antecedeu essa terça-feira, o Du me pediu que ligasse para seu irmão e a esposa. Disse que tinha algo para compartilhar com eles. Vieram para o café da tarde junto com suas duas filhas pequenas.

Eles estavam distantes dos propósitos que Deus tinha para suas vidas. Sem me falar nada com antecedência sobre o que trataria, o Eduardo colocou algo que sentia de Deus na mesa - os exortou com muito amor e os desafiou para um novo tempo com o Senhor. Ele os amava demais para não intervir na situação.

Foi linda a forma como Deus o usou para que o irmão voltasse novamente para os planos eternos. Ele sempre nos usa de forma inesperada e sobrenatural.

No momento em que liguei para meu cunhado, ele já estava com o Pastor. Iam subir o monte para orar. Contei o que estava acontecendo, que o seu irmão havia desaparecido.

Eles estavam em Barueri, uma cidade da região metropolitana da capital de São Paulo. Imediatamente, foram para a delegacia de lá, onde o delegado era amigo do Pastor. Esse homem se empenhou em encontrá-lo. Ficaram por volta de quatro horas fazendo buscas por todos os canais, até que o encontraram. Ele estava em um hospital chamado Mário Covas, referência em traumas na cidade de Santo André. Isso aconteceu por volta das 00h30.

Essas horas foram muito difíceis. Uma angústia profunda tomou conta do meu coração e dos meus pais, que já estavam na minha casa. Orávamos, clamávamos e chorávamos por não ter ideia do que estava acontecendo. É realmente uma situação avassaladora. Passam tantas possibilidades pela cabeça, tantas coisas podiam ter acontecido!

Voei para o hospital. Nem quis que meu pai dirigisse. Eu mesma peguei no volante. Chegando lá, pensando que estava indo buscá-lo, identifiquei-me para a recepcionista. Ela autorizou a minha subida, disse que ele estava na UTI.

Corri por todo aquele hospital. Não estava conseguindo encontrar o andar. Quando finalmente encontrei a ala, o médico já me esperava na porta. Perguntou-me o que eu era dele e eu respondi que era sua esposa. Sem nenhum cuidado ou misericórdia, disse-me: - *seu marido sofreu um acidente muito grave! Bateu de frente com um ônibus. Teve um traumatismo craniano muito sério e sua chance de sobreviver é mínima.*

O chão saiu debaixo dos meus pés. Fiquei anestesiada, paralisada e sabia que, a partir daquele prognóstico, estaria entrando em uma guerra. Eu não podia perder meu marido, meu alicerce, o amor da minha vida.

CAPÍTULO 02

O INÍCIO DAS BATALHAS

"Entrei para vê-lo. Ele estava com todos os ossos do rosto quebrados. Aliás, os únicos ossos que quebraram foram os da face. Levantamo-nos, todos juntos, para clamar. Não podíamos imaginar que a guerra só estava começando."

Eu não podia perder meu marido. Eu não podia aceitar nadar, nadar e morrer na praia.

Como num flash, passou-me um filme das nossas vidas. Tudo o que construímos, aprendemos e vivemos juntos. Todos os milagres que o Senhor realizou, inclusive, o mais substancial e rico deles, a gravidez da nossa primeira filha. Digo da primeira, porque a segunda Deus nos deu de presente. Ele é bom demais! Como já disse, contarei esse testemunho em uma outra obra.

Foram tantas as coisas que passamos juntos. Foram tantos os desafios e aprendizados. Conhecemo-nos quando eu tinha apenas vinte e um anos e ele ia fazer vinte e cinco. Éramos dois meninos. Tão imaturos!

Até aquele intensivista me posicionar sobre o que estava acontecendo, já haviam se passado dez anos e seis meses de um casamento com muito amor e também muitos desafetos. Tínhamos muitas divergências. Eu tentava, por todos os meios possíveis, transformar meu marido. Gritava, falava, preparava situações meio que combinadas para o aconselhar. Chegamos a fazer até terapia, mas nada foi capaz de mudar nossa história. A sensação era mesmo de ter nadado muito para, agora, existir a possibilidade de nos separarmos definitivamente.

Entrei para vê-lo. Ele estava com todos os ossos do rosto quebrados. Aliás, os únicos ossos que quebraram foram os da face. Tinha sofrido um traumatismo craniano seríssimo, o que o manteve em coma. O restante de seu corpo estava intacto. Aquele homem que parecia indestrutível, tanto fisicamente (um gigante de 1,96m e 140kg), quanto intelectualmente (um autodidata dos bons), estava totalmente impotente e eu, nesse momento, precisava batalhar por mais um milagre.

Saí daquela UTI desolada. Quando voltei para a recepção, já estavam lá várias pessoas. Sua mãe Cleide, seu irmão com o pastor, meu pai Alexandre, nossos primeiros pastores Fábio e Kelle e outras que já não me recordo quem eram.

Reunimo-nos de mãos dadas em oração. Todos já sabiam da gravidade. Levantamos um grande clamor naquele lugar. Lembro-me que a pastora Kelle me perguntou se já havia avisado aos membros da igreja da qual éramos pastores. É, isso mesmo, éramos pastores da Igreja Sara Nossa Terra da cidade de São Bernardo do Campo, no ABC Paulista.

Que luta era essa que estava nos acometendo?

Na realidade, devido a tudo o que passei com meu marido pastor, durante tantos anos e, principalmente, nos últimos três que antecederam aquele de 2011, eu não tinha muito apreço pelo meu ministério não.

Quando fomos comunicados que seríamos consagrados pastores, o que me motivou a aceitar foi a possibilidade iminente de que aquela transformação que eu tanto desejava nele, aconteceria pelo simples fato dele se tornar PASTOR.

Um drástico engano! Como esse processo foi decepcionante! Não houve mudança, não houve transformação.

Essa era minha expectativa, mas ela não foi suprida. Afastava-me cada vez mais do meu ministério. Na realidade, o reino para mim, até aquele momento, nunca havia sido minha prioridade.

O que eu queria mesmo era consertar minha própria vida. Eu queria desfrutar de uma felicidade plena.

Seguindo a direção da Pastora, liguei para uma irmã para que ela avisasse a igreja. Perplexa, se encarregou de dar a notícia a todos.

Levantamo-nos, todos juntos, para clamar. Não podíamos imaginar que a guerra só estava começando.

CAPÍTULO 03

ESPERANÇA QUE MOVE

"Deus é tão fiel que respeita nossas limitações e o tempo que levamos para assimilar todas as coisas. Tudo se conecta com seus propósitos. Isso é lindo demais! Ele é lindo demais!"

Mesmo em meio às más notícias, agarrei-me à esperança! Até porque eu não aceitava, de forma alguma, a possibilidade de perdê-lo.

Não podia acreditar que aquilo estava acontecendo conosco. Um cenário totalmente louco.

Na manhã seguinte, o hospital nos solicitou doação de sangue. O Eduardo não estava precisando, mas eles pediram à família para caso fosse necessário.

Quando anunciamos o pedido da Instituição, aquele saguão ficou lotado de parentes, amigos, alunos e conhecidos. A administração do hospital ficou impactada com o número de pessoas que estavam ali para doar. Ele, realmente, era muito carismático - todos o adoravam.

Bem, estávamos só começando a saga. O medo invadia meu coração ao mesmo tempo em que eu cria, com toda a minha fé, que o Senhor não permitiria sua morte.

Os dias foram passando e eu clamava incessantemente por ele, pela vida dele. Muitos foram ao hospital. Bispos, pastores, irmãos da igreja, todos orando e crendo no milagre.

O sangramento causado pelo traumatismo craniano foi absorvido aos poucos. Estávamos evoluindo. Foi quando já começamos, juntamente com a equipe que estava cuidando dele, a pensar em pedir sua transferência para um hospital particular. Naquele momento, o chefe da Neurologia do Hospital Mário Covas identificou, no último exame antes de transferi-lo, um aneurisma.

Nos dias que antecederam o acidente, o médico do Du havia pedido alguns exames, entre eles uma angioressonância, devido a um tremor que ele apresentava nas mãos. Ainda nem havíamos ido buscá-la.

Quando comentei isso com o neuro, ele me pediu que providenciasse o resultado do exame o mais rápido possível.

Fui imediatamente buscá-lo. Quando cheguei, entreguei em suas mãos para avaliação e o aneurisma não apareceu nas imagens.

Mesmo assim, com aquele diagnóstico de um aneurisma traumático, já que o exame não o apresentou antes, demos sequência à transferência, por termos mais recursos em outro hospital.

Assim que o Eduardo chegou lá, todos os exames foram repetidos para sua entrada e, imediatamente, foi identificado um novo sangramento, dessa vez, decorrente do aneurisma.

A nova equipe que agora o assistia, comunicou-me que seria muito difícil que ele saísse daquele quadro com vida.

Esse tipo de notícia vai entrando como *Dormonid* na veia. Sabe aquela sensação que temos quando estamos sendo adormecidos para fazer uma endoscopia? Aquela sensação de dormência que invade o corpo e a alma? Pois é, senti isso por muitas e muitas vezes nos anos que estavam por vir.

> **Que circunstâncias difíceis! Só me cabia continuar crendo e esperando nAquele que nunca nos desampara.**

Deus é tão fiel que respeita nossas limitações e o tempo que levamos para assimilar todas as coisas. Tudo se conecta com seus propósitos. Isso é lindo demais! Ele é lindo demais!

Imediatamente, foram sendo preparadas todas as coisas para a cirurgia de embolização do aneurisma. Lembro-me, como se fosse hoje, do meu clamor juntamente com parentes e amigos que estavam ali para que ele resistisse. Surpreendentemente, na visão médica, o Eduardo sobreviveu a ela, mas dia após dia, devido ao sangramento que havia se instalado e a complexidade cirúrgica, começou uma lesão que só foi aumentando e tomando boa parte do seu cérebro.

Mais uma vez, uma notícia devastadora: prognóstico de Estado Vegetativo Persistente. Ele nunca mais seria o mesmo!

CAPÍTULO 04

DOR QUE CONSOME

"Quando o vi daquela forma, clamei ao Senhor por uma melhora cognitiva. Sabia que seria um longo caminho para a recuperação, mas eu cria, mesmo com diagnósticos contrários, que meu marido levantaria."

Os dias foram passando e, em determinado momento, resolveram acordá-lo do coma induzido, um procedimento que consiste na realização de uma sedação profunda, feita com o uso de medicamentos, como os utilizados na anestesia geral. Ele serve para ajudar na recuperação de um paciente em estado muito grave, o que pode acontecer depois de um trauma cerebral e também de outras doenças.

No momento em que cheguei para a visita, tive tanto medo! Medo do que estava por vir e de tudo que teríamos que enfrentar. Mas, de qualquer forma, estava muito disposta a passar pelo processo.

Nessa visita, estava comigo a Roberta, esposa do seu irmão. Estava tão desolada que não tive coragem de entrar para vê-lo acordado. Pedi para que ela entrasse primeiro para ver como ele estava e, em seguida, viesse me buscar.

Tudo estava conforme o esperado. Quão enorme era minha dor! Ele foi voltando aos poucos.

Ao acordar, não falava e nem se mexia. Parecia tão distante, tão desligado de mim! Já estava com alimentação parenteral, que é a administração de nutrientes pela via endovenosa. Como estava entubado há mais de 15 dias, tiveram que fazer uma traqueostomia, cirurgia onde é feita uma abertura na traqueia, por onde é colocado um tubo, chamado de cânula, para passagem do ar, melhorando assim a respiração.

Quando o vi daquela forma, clamei ao Senhor por uma melhora cognitiva. Sabia que seria um longo caminho para a recuperação, mas eu cria, mesmo com diagnósticos contrários, que meu marido levantaria. Já o imaginava de volta aos púlpitos, e dessa vez, totalmente transformado.

Por aqueles dias, fiquei sabendo a história de uma mulher que acabara de viver um grande milagre. Ela havia sobrevivido há muitos dias de coma, entre a vida e a morte, após uma septicemia, também chamada de infecção generalizada, com falência múltipla dos órgãos, superbactérias, longas paradas cardíacas e os momentos pós-coma, em que permaneceu lúcida no UTI, aprisionada em um corpo sem vida a espera de um milagre. O nome dela, Bianca Toledo.

Fiquei tão impactada com a história dela, que quando olhava para o Du, não podia crer de outra forma... Deus também faria um milagre em sua vida!

Quando esse testemunho começou a aparecer, comentei com algumas pessoas, e alguém me mandou um DVD de uma gravação da Bianca em um programa de TV. Levei para o hospital e consegui mostrar para o Eduardo.

Quando ele começou a assistir e ouvir, imediata e copiosamente, encetou a chorar.

Naquele mesmo dia, um amigo foi visitá-lo. Sentamos no café do hospital e eu contei o que havia acontecido. No mesmo instante, ele me disse que a conhecia e que ligaria para ela. Ali mesmo, fez a ligação e ela atendeu.

A Bianca ficou muito impressionada com o alcance de seu testemunho, até onde havia chegado, e disse que viria a São Paulo, especialmente para visitá-lo. Juntamente com esse amigo, combinaram tudo sobre a viagem e marcaram o dia.

A partir daí, estabelecemos contato direto e a recebi para a visita. Entramos naquela UTI e levantamos um grande clamor pela vida.

Em algumas outras oportunidades em que veio a São Paulo, nos visitou no hospital e, juntas, ministramos para muitos médicos, enfermeiros e quem estivesse lá. Todos ouviam sobre o que Deus havia feito em sua vida e o que ainda pode fazer para curar, libertar e salvar.

Nessa fase crítica, ela caminhou comigo. Ficávamos horas conversando ao telefone pelas madrugadas. A Bianca me direcionava a crer de forma a entregar tudo o que estávamos vivendo a vontade de Deus. Lembro-me de algo pontual em relação à minha posição, ao que falava para minha filha, a Isabella. Contei para ela que orava com a Isa declarando e afirmando que o pai levantaria e ela, com muito amor, disse-me: - *Alê, não faça isso, e se o Edu não levantar, como ficará essa situação?*

Uma cegueira causada pela dor me tomou, e eu não conseguia aceitar a possibilidade de não o termos mais conosco.

Infelizmente, por falta de experiência e por crer sem entrega, posso dizer que cometi um grande erro com minha filha. Mas, por não conhecer uma situação dessas tão de perto assim, eu me perdoo e te aconselho: em meio ao inesperado, ore crendo e entregue nas mãos dAquele que pode fazer da melhor forma para um propósito eterno.

Para a Bianca Toledo, amiga à qual Deus me uniu

para cumprir Seu propósito, quero também expressar minha eterna gratidão.

O quadro permanecia o mesmo. Nada de novas e boas notícias, afinal, não havia perspectiva diferente daquele estado no qual se encontrava. Os médicos já sabiam que não havia mais nada a ser feito.

Pude reavaliar alguns valores. Nenhum recurso, nenhum dinheiro do mundo, nada do que conquistamos até ali poderia reverter aquelas sequelas e, por isso, me posicionei em crer no milagre. Eu cria, piamente, que o Deus que ressuscita mortos o tiraria daquela inércia.

Em uma fração de segundos, nossas vidas saíram totalmente do nosso controle e passamos a depender totalmente dAquele que primeiro nos amou. Ele sabe de tudo. Servi-lo e adorá-lo na forma que Ele usa para restaurar todas as coisas é o melhor que podemos escolher. Estar hoje, servir hoje, abraçar hoje, tolerar hoje, calar-se hoje, amar hoje e ser feliz hoje, é o que realmente tem valor.

Nós dois, em dez anos de casados, não tivemos sabedoria, maturidade e discernimento para viver todos esses "hojes". Clamava incessantemente por uma segunda chance.

Por isso, pense nisso a partir de agora como prioridade. Homens que trabalham sem cessar, mulheres que não abrem mão da ascensão em suas carreiras, filhos que não honram seus pais em obediência e amor. Já é tempo de revermos nossas verdades para que o "hoje" não passe e se torne um "é tarde demais!"

Ainda em choque, mais um dia para a visita da tarde, paramentei-me e entrei em seu leito de UTI. Quando coloquei minhas mãos sobre ele, senti-o muito, muito quente. Peguei o termômetro e medi sua temperatura. Ele estava com 42°C de febre. Apesar de leiga, aquele número me trouxe um desespero. Saí pelo corredor até o balcão da enfermagem. Disse o que estava acontecendo e eles saíram correndo. Imediatamente, colocaram-me para fora do quarto.

Uns três dias antes a equipe que cuidava dele já havia identificado uma infecção e prescreveu um antibiótico que, por uma displicência no meio do caminho, não foi administrado. Mais uma vez o intensivista me chamou e, com os lábios trêmulos, disse-me que quando o Eduardo chegou ao hospital ele dispunha de reservas físicas, porém, naquele momento, estava bem fraco e provavelmente não resistiria.

- *Meu Deus!!!* - eu gritei - *Não posso perder meu marido!* Estava tão desesperada que, no caminho de volta para casa, eu gritava no carro: - *Senhor, deixe-o como ele está, mesmo que seja assim, nesse estado. As meninas precisam se lembrar dele e saber que tiveram um pai!*

Um homem tão maravilhoso, tão especial. Tinha ainda tantos anos pela frente! Ia fazer apenas quarenta anos. E todos os nossos planos, nossos sonhos, nossas filhas? Todos os projetos de uma vida precisavam ser realizados.

Sem que eu soubesse, até porque observaram que eu não tinha condições emocionais para lidar com aquele cenário, ligaram para o irmão dele para falar sobre a possibilidade de não tratá-lo com antibióticos.

Para os médicos, seria uma forma de poupá-lo de uma vida de muito sofrimento e dependência.

Com muito critério e fé, ele lhes disse que fizessem o que estivesse em protocolo para salvá-lo, pois a vida do Eduardo estava nas mãos de Deus e não de uma decisão humana.

O Eduardo viveu mais uma vez. Ainda não havia chegado o tempo.

CAPÍTULO 05

NOVA ETAPA PARA CRER

“O crer nos impulsiona a romper barreiras. O crer vem antes do cumprir. Precisamos crer que Deus não falha. Ele cumpre seus planos que são muito maiores e melhores do que os nossos, agindo para que vivamos muito além do que imaginamos para nós mesmos.”

Mais uns dias para a recuperação e não havia mais o que fazer ali, naquela UTI.

Durante sua permanência no Hospital Oswaldo Cruz, ele foi cuidado com muito apreço por uma equipe de excelentes neurologistas.

Já era tempo de começar uma nova etapa. Seus médicos tinham um prognóstico de Estado Vegetativo Permanente, atestado através de exames que identificavam sua baixa função cerebral, mas a minha fé estava no Senhor. Era muito clara para mim a recuperação plena de todas aquelas sequelas. Não havia outra opção em meu coração que não fosse crer.

O crer nos impulsiona a romper barreiras. O crer vem antes do cumprir. Precisamos crer que Deus não falha. Ele cumpre seus planos que são muito maiores e melhores do que os nossos, agindo para que vivamos muito além do que imaginamos para nós mesmos. Lembre-se sempre que não há impossíveis para Deus.

Era fim de dezembro. Muitas coisas acontecendo em nossas vidas e em nosso redor. As pessoas eufóricas por estar chegando o Natal e o novo ano para recomeçarem suas vidas, que continuavam caminhando normalmente, e nós, sem nem imaginar o que estava por vir. Estávamos muito abalados.

Ele precisava sair da UTI, mas ainda não tinha como ir para casa. Pediram, então, sua transferência para uma tal de UTI semi-intensiva, que é destinada a pacientes que exigem cuidados intensos em função de uma maior dependência, mas que não necessitam de monitoramento. Nesse momento, a equipe é especializada para preparar o paciente para a alta hospitalar. A única exigência nesse formato é que ele fique 24 horas com um acompanhante.

Nessa fase do processo eu amamentava a Rebecca com onze meses e a Isa tinha apenas três anos e meio. Mesmo bem pequenas e sem saberem direito o que estava acontecendo, elas já podiam sentir aquela dor. Sei que podiam sentir. Tudo tinha virado de ponta cabeça. De repente, elas tinham um novo cenário, onde o pai havia "sumido" e a mãe se ausentava por horas e horas.

Quem assumiu os cuidados com elas foi minha mãe, à qual tenho uma eterna gratidão. Ela pôde presenciar mais de perto o que as crianças passaram nesse período. Chegou a se deparar com a necessidade de administrar um surto da Isabella -

acho que posso chamar assim.

Inicialmente, como cria na recuperação e retorno rápido do Du para casa, falei para minha filha que o pai estava viajando. Só que ele não voltava! Quando tudo aconteceu ela estava muito apegada a ele, afinal, eu tinha acabado de ganhar a Rebecca e me cabiam cuidados mais intensos com a bebê. Com o "sumiço" dele por volta de mais ou menos um mês, um mês e meio, em um certo domingo, ela estava com minha mãe na cozinha. Estava na hora do soninho da tarde quando ela começou a gritar desesperadamente que queria o pai. Chamava-o: - *Papai, papai, onde você está, papai? Eu quero meu papai... eu quero, agora, meu papai!* - chorava e gritava sem parar - minha mãe começou a chorar junto com ela em uma situação muito triste, como ela mesma relata. Ligou-me contando o que estava acontecendo. Não sabia o que fazer. E eu estava mais um dia em uma visita, sem expectativas reais de melhora. Uma tristeza invadiu meu coração naquele momento, mas o consolador estava comigo. Eu sabia e cria que Deus ainda estava no controle. Como já estavam sofrendo muito, decidi que não as deixaria totalmente para ficar com ele no hospital. Ele era minha prioridade, mas eu precisava pensar na saúde emocional de minhas filhas.

Para se ter uma ideia, naqueles dias, fui para a casa do meu cunhado para passar o Natal com as meninas. Eu saía todas as tardes para visitá-lo e elas ficavam com sua esposa, Roberta, a qual também me ajudou muito nessa luta e quero agradecer por tudo.

Em uma das noites, antes de dormirmos, a Isa, mesmo daquele tamanhozinho, se ajoelhou em cima da cama e orou:

- *Papai do Céu, tira meu pai daquele avião, estou com muitas saudades do meu papai!!*

Quando me deparei com aquela cena, decidi contar para ela o que realmente estava acontecendo. Foram momentos de muita dor, mas o Senhor sempre nos amparou.

Muitas vezes, precisamos tomar decisões pensando no cenário como um todo. Cheguei a ser julgada por isso. Cheguei a ouvir que eu deveria tirar a Rebecca do peito pois ela já estava com 11 meses e não tinha mais necessidade de continuar amamentando-a, que o ideal era eu desmamá-la para poder ficar com ele no hospital. Mas não era sobre o tempo que já a estava amamentando, era pelo que as duas estavam passando.

Decidi que estaria com ele todos os dias, mas não ficaria totalmente longe das minhas filhas. Faria visitas diárias durante a tarde.

Devemos sempre decidir baseados no que o Espírito de Deus nos testifica trazendo paz e não naquilo que acham que deve ser feito.

Veio a questão, então, de como eu deveria proceder para que alguém o acompanhasse. Em família, sua mãe Cleide, à qual também sou grata pelo amor que teve por seu filho, por minhas filhas e por mim, para que eu pudesse cuidar delas, escolheu ficar com ele. Ela morou no hospital durante todo o período de sua internação na semi-intensiva. Sua transferência da UTI do Hospital Oswaldo Cruz para a semi-intensiva do Hospital Nove de Julho deu-se na semana entre o Natal e o Ano Novo.

Assim que o acomodamos, levamos as meninas para que elas o visitassem. Foi um momento tão dolorido. Parecia-nos que ele não se lembrava das filhas. Não teve reação alguma com a visita. No dia seguinte, minha irmã Juliana, que estava grávida e era o xodozinho dele, pôde, enfim, entrar para visitá-lo. Como estava gestante, não foi possível estar com ele enquanto estava na UTI. Quando ele a viu, começou a chorar imediatamente. Tudo leva a crer que sua memória estava em situações mais antigas. Tudo tão inusitado! Mas a esperança permanecia firme em nossos corações.

Lembro-me que a noite daquele Ano Novo foi a mais triste da minha vida. Estava sem meu marido, em meio ao som dos fogos de artifício, onde todos festejavam e eu, juntamente com sua mãe ao telefone, chorava, sem saber ainda o que viria pela frente. Orei e clamei para que o Senhor nos desse a alegria de sua cura.

Ele foi mantido lá até início de fevereiro, quando os médicos me trouxeram a possibilidade de levá-lo para participar de um experimento no Hospital das Clínicas, que consistia em melhorar as condições cognitivas de pacientes no estado em que o Du se encontrava. Dr. Jeferson (chamado por nome fictício) era o médico que estava à frente do estudo, um ser humano espetacular. Deus continuava levantando profissionais maravilhosos para caminhar conosco naquela jornada.

Graças a ele, conseguimos uma vaga para que o Duda participasse. A esperança, mais uma vez, tomou conta dos corações. O experimento foi feito em algumas sessões, dentro de mais ou menos um mês, mas, infelizmente, não obtivemos resultados satisfatórios. O quadro permaneceu o mesmo. Feito isso, o Dr. Jeferson decidiu pedir sua transferência para casa.

Ele me chamou para uma conversa e perguntou se eu já havia preparado um lugar para ele ficar, se eu já tinha alugado um apartamento para mantê-lo em *home care*, que é um serviço de cuidados de saúde ou de suporte prestado por profissionais na residência onde o paciente está morando.

Eu estava tão alienada com foco em sua recuperação, que não tinha estudado nada sobre tais possibilidades. Na realidade, eu almejava levá-lo para casa para cuidar pessoalmente de que sua total reabilitação acontecesse o mais rápido possível. Não imaginava o quão pesado seria mantê-lo daquela forma em nosso lar. Nessa conversa que tivemos, o Dr. Jeferson me avisou. Disse que o ideal seria alugar um espaço separado para cuidar dele. Orientou-me que eu não fizesse aquilo comigo e nem com as meninas, pois ter uma semi-intensiva em casa seria uma tarefa árdua e muito desafiadora.

Mas sem titubear, disse ao doutor que o levaria sim! Insisti que faria de tudo para sua total recuperação. Não queria, de forma alguma, sair do controle e administração de tudo aquilo.

E assim foi feito. Ele estava de volta, em casa, no dia 8 de março de 2012, cinco meses após o acidente.

CAPÍTULO 06

EM CASA. E AGORA?

"Era realmente como um hospital. Vários profissionais o assistiam o tempo todo."

Meu Deus! Que loucura foi aquela? Que desespero!!!

Imagine que, de um dia para o outro, é montado um hospital em sua casa e que uma vida passa a estar no cuidado de suas mãos. Não só uma vida, mas tudo o que englobava aquele novo movimento dentro do nosso lar.

Que desafio! Acho que o maior da minha vida.

Se eu não tivesse a certeza de que o próprio Deus estava comigo, não teria conseguido.

O que vou compartilhar agora é muito sério.

Prezado leitor, crer da forma correta me fez entrar por um caminho de ter como certa a minha vitória. Mas aí você pode perguntar: o que é crer certo? O que poderia ser considerada uma vitória? Com certeza isso não é uma receita de bolo, mas no meu caso, o crer certo, foi ter a mais firme convicção de que o Senhor estava no controle de tudo aquilo que estava acontecendo.

Não questionar sua forma, seus métodos e sua maneira de agir nos tira um grande peso. Crer dessa forma nos impulsiona a continuar caminhando, sem olhar para trás e sem saber qual será o desfecho da história. Faz-nos aprender a viver cada dia o seu mal, sem nos preocuparmos com o que virá. Toda a provisão vem dEle e todas as coisas são preparadas por Ele.

Crer assim é crer incondicionalmente, às cegas, sabe?

Muitas pessoas me perguntavam como era possível para mim não questionar a Deus. Para muitos, isso é insano, mas foi a forma que encontrei de colocar em prática tudo o que um dia eu já havia pregado. Era tempo de ministrar às vidas com minha forma de crer.

Posso te dizer que é possível sim confiar e não questionar. Isso chama-se ESCOLHA.

A primeira noite dele em casa foi surreal. Toda a equipe chegando. Havia muitas pessoas dentro da nossa casa para implantar o *home care*: enfermeiro, fisioterapeuta, auxiliar de enfermagem, todos os aparelhos, os testes e o medo. Medo daquela nova situação. Medo de não dar conta. Medo de falhar. Medo de perdê-lo!

Os primeiros dias foram desastrosos, principalmente para mim. Nossa casa "invadida". A primeira campainha tocava às 07h. Gente entrando e saindo o dia todo! Era realmente como um hospital. Vários profissionais o assistiam o tempo inteiro.

Sempre fui, antes desse deserto, uma mulher altamente controladora. Acho que por conta de uma criação onde fui estabelecida em um papel que não era para ser meu. Sempre tive que tomar decisões importantes que, como filha, não me cabiam. Era apenas uma criança, depois apenas uma adolecente e depois uma jovem, pronta para casar e mandar, afinal, fui criada para fazer isso!

Com esse *home care* em casa, eu estava no controle de tudo. Acompanhava a administração da prescrição de cada medicamento e da alimentação. Também verificava dia a dia se tinha urinado, defecado. Tentava eu mesma escovar seus dentes e até levava umas mordidinhas de vez em quando (rs). Eu estava enlouquecendo e enlouquecendo quem trabalhava conosco.

Houve uma pessoa que me ajudou muito desde o início nesse processo a quem serei eternamente grata por seu cuidado e acompanhamento. Já a citei aqui, a Pra. Kelle, que estava no hall do hospital no dia do acidente, lembra?

Ela foi fundamental em várias fases desse aprendizado. Como uma excelente psicóloga, bastava uma sessão informal e amigável para que ela colocasse minhas emoções nos trilhos.

Ela conseguiu me posicionar nesse novo contexto, de ter um hospital para cuidar dentro de casa. Em uma dessas sessões ela me disse: - *Alê, você tem profissionais contratados para executar cada uma de suas necessidades físicas. Ele está entregue nas mãos do Senhor, então, se você o confia nas mãos de Deus, entregue tudo isso também, cada um faz a sua parte e tudo ficará mais leve!*

Aceitei imediatamente. Recebi, naquela direção, o aval para deixar o controle do que eu não tinha que controlar. Foi libertador (acredito que usarei esse termo várias vezes daqui para frente).

Quando estamos abertos a ouvir, tudo fica mais fácil. Enquanto agimos com resistência, não alcançamos resultados diferentes. Portanto, abra seus ouvidos para novas direções. Elas podem fazer uma grande diferença no seu contexto de vida.

Nesse posicionamento, fui aprendendo muito desse universo hospitalar! Na administração diária, consegui aprender sobre tolerância e caminhei fidelizando os profissionais que trabalhavam cuidando do meu amor. Fui levada a precisar do outro. Nunca mais direi que não preciso de ninguém (rs).

Aprendi sobre tantas coisas nesse período! Aprendi a valorizar quem me serve, por menor que seja o serviço. Aprendi a servir. Ajudei tantas e tantas vezes nas madrugadas a trocar suas fraldas lotadas de fezes e rir muito com isso. Aprendi a administrar os conflitos entre os funcionários, afinal, mesmo com saídas e novas entradas, o total era sempre de seis auxiliares de enfermagem, fora outros profissionais como fisioterapeutas, fonoaudiólogos, enfermeiros, nutricionista e médicos. Muita gente, como em uma empresa.

Sobretudo, aprendi a amar sem nada em troca. Que amor foi esse que aprendi a amar?

O que sempre disse a respeito desse amor é que ele vem direto do céu. Com esse amor, foi prazeroso demais amá-lo.

Já não colocava mais expectativas sobre ele. Não havia mais troca. Escolhi somente dar desse amor.

E vou te contar que, por incrível que pareça, foi o tempo em nossa relação em que mais me senti amada, tanto por ele quanto por Cristo. Seu olhar para mim era muito intenso. Ele passou a me olhar nos olhos como nunca havia olhado antes. Já não existiam mais dúvidas, mais críticas, mais cobranças, somente amor.

CAPÍTULO 07

POR QUANTO TEMPO?

"Como Deus não falha e de forma alguma nos abandona, levantou em meio à tribulação outras pessoas muito especiais para caminharem comigo. Ele falava claramente ao meu coração que levantaria quem Ele quisesse e não quem eu esperava que Ele levantasse para isso."

Todas as vezes que passamos por alguma situação contrária, sempre questionamos: por quanto tempo terei de passar por isso?

Quanto tempo terei que abdicar da minha vida, das minhas próprias vontades, do direito de ir e vir sem ter que me preocupar com quem vai ficar! Que horas terei que voltar? Por quanto tempo não terei uma noite completa de sono? Quando uma mãe tem um bebê, por pior que sejam suas noites, ela sabe que aquela condição logo passará.

Fui surpreendida bruscamente em meio àquele deserto, no qual entrei em uma fração de segundos, sem qualquer previsão de dia e hora para sair.

Foram tantas noites! Dias de tantos destemperos nos relacionamentos com pessoas que faziam parte do dia a dia.

Tantas expectativas não atendidas! Sabe quando esperamos o respaldo de quem deveria estar mais perto, nem tanto por obrigação mas por consideração e amor, como os familiares, por exemplo?

Sempre esperamos receber do que temos certeza que faríamos por alguém, mas, infelizmente, as coisas não decorrem muito dessa forma. Acabamos gerando expectativas em cima de valores próprios, que, na maioria das vezes, não são os mesmos de outros.

Devemos, nessas situações, esperar somente dEle. O Senhor nosso Deus é o que supre muito além do que precisamos! Ele resplandece em glória e nos surpreende com seu infinito amor. Ele é a fonte que jorra da única água que pode matar nossa sede!

Pude, então, perceber que o problema que minha casa estava enfrentando era única e exclusivamente meu! Não entendia se, inconscientemente ou como uma forma de se abster de qualquer possibilidade de responsabilidade, as pessoas que mais esperava se afastaram e as decepções foram inevitáveis.

Como Deus não falha e de forma alguma nos abandona, levantou em meio à tribulação outras pessoas muito especiais para caminharem comigo.

Ele falava claramente ao meu coração que levantaria quem Ele quisesse e não quem eu esperava que Ele levantasse para isso.

O Du sempre foi muito admirado. Ele tinha amigos da faculdade, mais novos do que ele devido ter concluído o 3o grau mais tarde, que o viam como um mestre. Durante todo o período que permaneceu acamado, eles se reuniam em nossa casa em todos os seus aniversários.

Ficavam lá por horas, conversando, brincando, faziam-no rir e cantavam parabéns para ele.

Era tão reconfortante! Tenho certeza de que assim como eu, ele podia sentir Deus cuidando-o e amando-o através desses queridos amigos.

O Senhor os levantou, assim como muitos outros, para estarem comigo e com as meninas no dia a dia. Foi o tempo em que mais ganhei amigos que se importavam conosco. Um casal querido que aqui honro-os com minha eterna gratidão, Cirlene e Geraldo, que nos levavam para viajar, para jantar nas sextas-feiras. Um dia estava conversando com ele e o agradeci por todo o cuidado e amor que tinha pelas meninas e ele me disse, com lágrimas nos olhos: - *eu sei o que é não ter pai! Perdi o meu com nove anos e só eu sei o que passei, mas eu venci e sei que elas também vencerão!*

Talvez por falta mesmo de experiência e de não entenderem o quão importante seria estar conosco, aqueles de quem eu esperava, agiram dessa forma. Apesar disso eu aprendi a quebrar expectativas e esperar o suprimento vindo diretamente do Senhor. Tudo colaborou para meu crescimento e amadurecimento. Glórias a Deus por isso! Hoje não crio mais expectativas e tudo passou a ser muito mais leve.

Meus pais foram meu principal pilar de apoio em todo esse tempo. Minha mãe, Elvira, morou comigo por três meses a partir do dia do acidente. Passamos juntas por madrugadas de muito medo, orando, por cada febre e intercorrência do Du na UTI. Ela cuidava da Rebecca, que ainda mamava só no peito. Conseguiu até introduzir a mamadeira e a chupeta, mas teve que ir depois desse período para dar uma força à minha irmã que acabara de dar à luz ao meu sobrinho, e assim, fiquei sozinha com as meninas.

Recordo-me de uma noite em que eu e a Isa estávamos na parte de baixo do sobrado e a Becca começou a chorar no berço. Pedi para a Isa esperar que a mamãe já voltaria para terminar os cuidados com ela, mas ela também começou a chorar lá embaixo enquanto a Rebecca chorava lá em cima. Bateu-me um desespero. Comecei a clamar e a chorar ajoelhada no tapete do quarto da bebê e questionei ao Senhor o que seria de nós. O pai delas não podia morrer! Como eu daria conta de tudo?

Meu pai, Alexandre, dava-me todo apoio nas compras de casa e em todas as necessidades do dia a dia!

O Du era um homem de muitas paixões, e uma delas era a criação de pássaros silvestres. Tínhamos um criatório em um prédio que construímos nos fundos de casa e um funcionário cuidava dos passarinhos. Uns dias antes do acidente, ele se afastou por uma trombose e não resistiu. Estávamos sem ninguém para essa função. Também tivemos que administrar isso. Então meu pai passou a tratar dos bichinhos todos os dias, até que eu resolvesse o que faria com eles.

E assim foram passando os dias, os meses, os anos... é, os anos! Foram seis longos anos de muito amor, fé, suprimento, crescimento e entrega.

Os dias eram sempre de muitas e grandes surpresas. Cada um deles era uma coisa. Um dia ele tinha muitos espasmos musculares, que podem ser causados por fadiga extrema dos músculos, devido à sua baixa frequência de uso. Outro dia era diagnosticada uma pneumonia que, geralmente, tratávamos em casa; não só pneumonia, mas também infecções de pele, infecções urinárias, etc, etc.

Tivemos um episódio que ficou muito marcado. Ele estava bem ofegante desde cedinho. Passou a manhã daquele jeito. Pedimos que viesse o médico do *home care* para avaliá-lo. O doutor olhou, apalpou seu abdômen e não soube dizer o que era. Disse que talvez fosse novamente pneumonia, mas que pediria para outro colega vir para vê-lo. Mais uma vez, nada de diagnóstico. Já estava bem preocupada.

Como disse, Deus levantou pessoas para caminharem comigo e, duas delas, foram os médicos e chefes intensivistas renomados do Hospital Nove de Julho, a Dra. Marina e o Dr. Paulo (chamados aqui por nomes fictícios), que aqui faço questão de honrá-los com minha eterna gratidão.

Eles, simplesmente, sem nunca me cobrarem por nada, faziam toda a análise do quadro em que o Eduardo estava passando em casa, diagnosticavam e medicavam em ação conjunta com o *home care*.

Essa atitude de amor o livrou várias vezes de voltar para o hospital.

Nesse dia, já tarde da noite, e sem examiná-lo pessoalmente, somente com as informações que passei e com o RX, a Dra. Marina conseguiu, através da imagem, concluir que o Du estava com gases. Era só isso, gases!

Conseguimos fazer com que ele os eliminasse facilmente (rs) e, aquele dia de tamanha dor em vê-lo sofrer, teve fim.

Foram ainda muitas e muitas situações que nos acometeram nesse tempo de cama. Até uma queda no banheiro. Eu tinha acabado de levar a Isa para a escola e me liga a auxiliar dizendo que ela o derrubou e que havia rachado a cabeça. Só Deus na minha vida. Toca correr para casa, chamar a ambulância. Enquanto esperávamos, eu não o deixei dormir. Ele ia fechando os olhos e eu falava que ele não podia dormir pois estava com a cabeça rachada. Ele ria e fingia fechar os olhos para que eu o chamasse (rs). Tínhamos uma conexão fantástica! Nós desenvolvemos uma relação de muita cumplicidade! Uma cumplicidade que não tínhamos antes, desenvolvemos dentro desse processo. Um tempo precioso de aliança e muito amor.

Em cada internação ficávamos de seis a oito horas até que todo o processo se concluísse. E a pergunta de sempre era:

- *Por quanto tempo ainda, Senhor?*

De qualquer forma, eu escolhi confiar! Confie também, Ele está trabalhando em seu favor! Somente entregue e creia.

CAPÍTULO 08

DEUS FALAVA E EU OUVIA A SUA VOZ

"O fato é que Jesus é a graça, que se traduz em "o favor e a bondade imerecidos de Deus". Não há nada que possamos fazer de bom para que Ele nos ame mais ou de ruim para que Ele nos ame menos. Ele simplesmente nos ama como estamos e como somos."

O primeiro ano foi tão difícil! Tantas coisas para resolver. Tantas situações burocráticas: dívidas, aposentadoria, acertos, mas em todas o Senhor estava comigo. Eu podia ver sua mão agindo em tudo o que precisava. Todo o suprimento nesse tempo veio dEle. Ele foi e é muito fiel. Essa palavra nunca falhou em minha vida. Foi nesse deserto onde mais me senti amada e cuidada por Ele. A Ele toda honra, toda glória e todo louvor para sempre!

Assim que aconteceu o acidente, fiquei totalmente focada no estado do Eduardo. Entreguei as chaves da nossa igreja para o ministério e segui cuidando de tudo. Como estava nesse movimento fiquei algum tempo sem ir ao prédio da igreja.

O Senhor também levantou uma rede de apoio para me acolher espiritualmente. Irmãos de toda parte oravam por nós. Cada procedimento que faziam no Eduardo era coberto por muitas orações.

Um certo domingo, estava tão necessitada de ouvir sua voz que fui até o prédio da Igreja Dínamus, ministério onde meus cunhados estavam congregando. Eles já haviam me indicado para visitar a unidade matriz, que fica em Santo André. Lá seria um excelente lugar. Não queria falar com ninguém, somente ouvi-lo.

Entrei ali, e desconhecida, me sentei nas cadeiras dos fundos. O culto decorreu e, no fim da palavra, ministraram um apelo. Fui até a frente do altar e o Senhor tomou uma irmã para falar comigo. Ele se fez presente através daquele vaso e me disse: - *Eu sou seu marido, o seu advogado, seu médico, sou o pai das suas filhas... eu sou tudo o que você precisa!*

Como foi lindo! Realmente pude ouvir do amor dEle por mim! Pude viver aquele cuidado tão palpável.

Após meses de hospital e já com o Du em casa, decidi mudar de ministério para poder ser cuidada. Precisava daquele tempo para me recompor. Conheci então a pastora principal do ministério, a Solange Lara, uma querida que Deus também levantou para caminhar comigo na luta. Ela foi peça fundamental para eu entender sobre graça. Através de sua vida, Deus me tratou no mais profundo do meu espírito. Culpas e a possibilidade de ter feito diferente caíram por terra com suas ministrações e cuidados comigo. Fui liberta em várias áreas. A ela também expresso aqui minha eterna gratidão.

Posso te garantir que o que você está passando não será para sempre. Vai passar! Ele nos garante a vitória!

Eu tinha a impressão de que nunca passaria. Tinha o sentimento de que minha família ficaria naquele deserto eternamente, mas mesmo sentindo assim, eu continuava crendo piamente que o Senhor o levantaria daquela cama. Eu escolhi crer.

Quantas vezes me vi ajoelhada ao lado do seu leito clamando por um milagre. Exerci vários atos proféticos. Cheguei a fazer vinte e um dias de sete voltas em sua cama, levantava nas madrugadas para orar, chorava, gritava e nada acontecia!

Dormia, e com as forças renovadas, levantava para mais um dia de esperança. Sempre o imaginava entrando em meu quarto, andando e completamente restaurado.

O fato é que Jesus é a graça, que se traduz em "*o favor e a bondade imerecidos de Deus*". Não há nada que possamos fazer de bom para que Ele nos ame mais ou de ruim para que Ele nos ame menos. Ele simplesmente nos ama como estamos e como somos.

Tudo aquilo que eu fazia, sei que Ele recebia, mas não seria o que moveria suas mãos nessa direção.

Ele tem seus meios e sua forma, que sempre são lindos e especiais. Para cada vida, dentro de cada plano, Ele trabalha em favor, especificamente, do que tem preparado para nós.

Por isso, o fato dEle não fazer do meu ou do seu jeito, não tem a ver com nossas obras e sim com o Seu propósito e Sua vontade para conosco, que sempre é boa, perfeita e agradável.

Que o saber disso possa te tirar o peso de fazer diferente ou melhor. Faça aquilo que estiver ao seu alcance, o restante coloque em Suas mãos. Ele sempre sabe o que faz!

Crer assim é libertador - eu falei que falaria esse termo várias vezes (rs). Muito libertador!

Que você possa ser liberto para crer dessa forma. Não tem a ver conosco, mas com Seus planos, que são eternos!

Assim, Ele foi ministrando em mim. Cristo foi maravilhoso em todo o tempo. Falava comigo através das pessoas e dos acontecimentos. Já falei, mas vou repetir: como me sentia amada por Ele! Meu coração se enche de gratidão por toda Sua fidelidade, cada vez que lembro-me do que passei.

Passados três anos do acidente, em 2014, recebi uma palavra inesperada e muito difícil.

O Senhor usou uma irmã para falar a respeito da vida do Eduardo. Eu estava em um culto abençoadíssimo, que acontecia toda segunda-feira à tarde, ministrado pela Pra. Solange. Como sempre, estava chorando e clamando aos pés do Senhor por um milagre, quando aquela mulher chegou e me entregou uma palavra contrária a tudo o que há três anos eu cria e orava.

Com a autorização da Pastora, já que foi a primeira pessoa que ela foi entregar o que o Senhor havia lhe dito, ela foi até mim e, com muito temor em seu coração, já que não nos conhecíamos intimamente, pediu licença e me entregou a palavra: - *o Senhor me mostra que vai recolher seu marido!*

Ah! Meu mundo desabou! E tudo o que eu cria? Tudo o que eu esperava? Cura plena, transformação, uma nova chance no meu casamento? Que raiva tive dela, pensei: quem essa mulher pensa que é para me entregar isso? Rejeitei aquela palavra imediatamente.

Porém, em seguida, após mais ou menos duas semanas, recebi a mesma palavra de conhecimento de um profeta, vindo de longe, que nem conhecia minha história. Ele disse: - *o Senhor me diz que os propósitos com seu marido na Terra acabaram. Ainda vai demo-*

rar, mas o Senhor vai recolhê-lo.

Aquela confirmação chegou como uma bomba. Como meu coração doeu. Mais uma vez o chão saiu debaixo dos meus pés. Minha alma ficou altamente inquieta.

Naquele momento, tudo o que havia sonhado foi exterminado. A sensação de nadar, nadar e morrer na praia. A possibilidade de poder construir tudo diferente, começar tudo de novo. Foi tudo por água abaixo.

Por isso eu digo a vocês: façam o que tiver que ser feito agora, mesmo que as pessoas ao seu redor não vejam e não reconheçam.

Prefira ser feliz do que ter razão. Até parece jargão, mas é de longe, a melhor escolha!

CAPÍTULO 09

UM NOVO TEMPO E NOVO DESAFIO

"Ter que começar tudo do zero! Ter que criar as meninas sozinha! Tomar decisões! Como seria tudo isso? Não ter mais a chance de fazer todas as coisas com o grande amor da minha vida!"

Segundo a bíblia, existiu um lugar em Jerusalém chamado Tanque de Betesda, que era um local frequentado por muitas pessoas enfermas e inválidas.

Nesse lugar, Jesus curou um homem enfermo que se encontrava naquela situação há 38 anos. Ele estava entre a grande multidão de doentes que se aglomeravam ali. Todas aquelas pessoas estavam em busca de cura.

Assim como curou aquele homem paralítico, Jesus poderia ter curado uma multidão no tanque. Ali estavam vidas necessitadas. Com todo o poder que estava sobre Ele, poderia ter marcado ainda mais substancialmente a história daquele lugar, mas, definitivamente, essa não foi sua forma.

Nem sempre Ele cura. Muitas vezes os resultados de nossas experiências de fé não são tão satisfatórios quanto os que esperamos, baseados em nossas expectativas.

Ele nunca precisou provar seu poder. Ele lida com vidas de forma individual, mostrando seu grande amor. E foi somente aquele homem que Ele curou ali. Seu interesse estava em se relacionar pessoalmente com o paralítico, mesmo ele não conhecendo a Jesus.

Qual deve ser Seu critério de escolha, não é mesmo? Quem Ele escolhe curar e quem Ele escolhe não curar? É, realmente não sei te responder. Eu escolhi não questioná-lo. Ele tem multiformas de agir, de libertar, de realizar milagres!

Meu desafio no deserto foi esperar. Ele me disse que demoraria.

Vivi um grande luto. Considerar a possibilidade de perdê-lo foi muito doloroso.

Ter que começar tudo do zero! Ter que criar as meninas sozinha! Tomar decisões! Como seria tudo isso? Não ter mais a chance de fazer todas as coisas com o grande amor da minha vida!

Sempre fui uma pessoa muito aberta para falar dos meus sentimentos. Esse foi um fator preponderante que me manteve caminhando, sem desviar o olhar do alvo. A psicologia chama essa habilidade de "flexibilidade nas emoções". Acho que me tornei a mulher elástica (rs).

Por isso te digo o quanto é importante termos pessoas para caminhar conosco.

Minha oração era que Deus continuasse levantando pessoas para me ouvirem e caminharem comigo. Deus as levanta para nos amar e cuidar através delas. Que essa também possa ser sua oração no momento de tribulação.

Meus pais, que me ampararam em todas as necessidades físicas que o processo exigia.

Minha irmã, que bem nessa fase tinha acabado de ter meu sobrinho, me fortalecia com muita oração, amor e força, não me deixando esmorecer.

Minha grande amiga Gabriela, que em todo esse tempo derramou de seu amor e cuidado, amparando-me em diversos momentos com sua presença e suas palavras. Encorajou-me e não permitiu a hipótese de eu pensar em desistir. Foi, realmente, alguém fundamental nesse processo.

Como sou grata a todos eles!

Se abra para os que o Senhor preparar. Ele prepara as pessoas certas para determinado tempo.

E, com tudo isso, os dias foram passando… 2014, 2015, 2016, longos anos de muito amor e entrega.

Sabe, estabelecemos uma relação tão linda. Posso

afirmar que tivemos nosso casamento restaurado nestes anos. Por isso que sempre declaro: Deus é fiel!

CAPÍTULO 10

TEMPO DE RESTAURAÇÃO

"Ele quase não me olhava nos olhos como passou a me olhar naqueles anos de cama. E eu me dispus a receber o melhor do amor que, naquele momento, estava disponível."

Muitos de nós pensamos que a maior conquista de Davi foi matar o gigante Golias. Na verdade, essa não foi sua maior vitória. A maior delas mesmo foi não matar Saul, que o perseguiu, por ciúmes, durante muito tempo. Davi teve que fugir por diversos lugares, se escondendo por sete anos, para que Saul não o achasse.

Ele entendia que, apesar de tudo o que passava, Saul, o rei, era um ungido de Deus. Em seu coração havia fidelidade ao propósito que precisava ser cumprido.

Nessa analogia, podemos concluir que nossa maior conquista talvez não esteja em vencer o gigante que está à nossa frente, mas sim na fidelidade daqueles que estão perto de nós.

Durante todo esse deserto me senti em um tempo no qual o próprio Deus estava trabalhando para nossa restauração.

Pude abrir o meu olhar para o renovo que o Senhor estava nos entregando.

Foi o tempo da minha vida em que mais me senti amada, tanto por Deus, através da provisão de todas as coisas que precisávamos, quanto por meu marido, que se conectou sobrenaturalmente comigo.

Passamos a viver uma vida única. Meu coração se alegrava tanto com seus olhares de amor por mim! Sentia- me tão amada, como nunca antes havia me sentido, em dez anos de casamento.

Muitas vezes, quando ele estava com espasmos, as enfermeiras me chamavam e, no momento que eu entrava no quarto, ele melhorava imediatamente! Era tão especial!

A primeira coisa que fazia quando me levantava era correr para o seu quarto e verificar se estava tudo bem.

Logo tive a ideia de ensiná-lo a dizer que me amava. Certo dia, brincando, falei para ele que toda mulher tem que ouvir todos os dias que é amada por seu marido, e que para ele dizer que me amava, teria que piscar três vezes - cada piscada equivalia a uma palavra: piscada EU, piscada TE, piscada AMO (rs).

Fiz isso por alguns dias. Chegava e dizia para ele piscar três vezes para me dizer que me amava. Depois de um tempo, quando eu chegava no quarto pela manhã e dizia "*Bom dia!*", imediatamente ele dava as três piscadinhas.

Que amor era aquele?

Nunca, em tanto tempo juntos, havíamos vivido dias de tanto amor!

Ele quase não me olhava nos olhos como passou a me olhar naqueles anos de cama. E eu me dispus a receber o melhor do amor que, naquele momento, estava disponível.

Houve ali, naquele leito, conversas lindas. Fomos cheios de uma disposição para viver o melhor que Deus havia preparado para nós, especificamente para aquele tempo, como nunca vivemos antes. Perdoei e fui perdoada.

Sabe, muitas vezes falamos o que não devemos falar. Ferimos com nossas línguas afiadas, achando-nos no direito, por acharmos que temos razão.

Quanto arrependimento!

Hoje, acredito que posso lhes aconselhar com muita autoridade no assunto:

Mulheres, não hesitem em se calar. A oração é a mais eficiente das armas para mudar a sua história.

Homens, não hesitem em amar, cuidar e respeitar suas esposas. Elas são o lado mais frágil e sua parte mais forte para alcançar o êxito em tudo que você almejar.

Posso afirmar que tive meu casamento restaurado à beira daquela cama, mas, com toda certeza, não gostaria que tivesse sido assim.

Não se deixem envolver por pequenos problemas diários. Não permitam suas relações serem minadas por verdades próprias! Cada um tem a sua e isso pode ser o estopim para disputas desnecessárias.

Coloque Jesus no centro! Ele é o que vocês precisam para manter o equilíbrio e o amor no relacionamento. A palavra nos amadurece e nos direciona.

Comuniquem-se de forma aberta. Estabeleçam a comunicação sem barreiras. Muitas vezes, achamos que o outro tem uma bola de cristal e adivinha o que queremos ou esperamos. Isso nunca acontecerá. Devemos nos abrir em cumplicidade e dizer o que esperamos. Agir assim nos livra de criar expectativas de algo inalcançável.

Sempre digo que se nosso principal foco estiver no desejo de ser feliz, seremos pessoas frustradas. Tenha como alvo fazer seu cônjuge feliz. Ser feliz será uma boa e agradável consequência.

Gostaria muito de ter o privilégio de uma segunda chance! Não espere que alguma situação te leve a viver o que nunca esperou. Seja para o outro agora. Abra mão do que acredita ser verdade e faça o possível para cumprir o propósito que têm juntos.

Creia que Deus tem restauração para sua família, para sua vida. Só depende de você. Nunca é tarde para recomeçar.

CAPÍTULO 11

ENTRADA NO SEXTO ANO APÓS O ACIDENTE

"No dia em que o levamos para o hospital, tive um sonho em que Deus falou comigo. Como é importante estar conectado em intimidade com o nosso Pai. Muitas vezes somos desafiados a nos calar para ouvir Sua voz. Pedimos tanto a respeito de nossas próprias vontades e acabamos não ouvindo o que de fato Ele quer trabalhar em nós e em nossas vidas."

Lembro-me que estava lavando a louça no 1o. dia do ano de 2017, e ali, estava levando um papo com o Espírito Santo.

Conversávamos sobre a entrada de mais um ano naquela situação. Eu lamentava demais ver meu marido ainda daquela forma, com um sofrimento físico muito significativo, mas sem expressar nenhum tipo de questionamento. Eu podia ver e sentir em plenitude as emoções que o Du vivenciava.

Eu sentia que seu coração já estava totalmente desprendido dessa terra. Estava muito em paz, e já há muito tempo daqueles dias.

Questionei, debruçada naquela pia: - *até quando, Senhor?* E, com muito amor, Ele me respondeu: - *vou recolhê-lo em novembro.*

Não acreditei no que ouvi!

Questionei mais uma vez: - *Senhor, mais um ano desse sofrimento?* E ele me respondeu: - *Ainda é necessário*!

Respirei fundo e segui com aquela data latente em minha mente.

Na entrada daquele ano, percebi que o Du dormia muito durante o dia. Eu e sua mãe chegamos até pensar na possibilidade de o estarem dopando à noite, mas isso não fazia muito sentido para mim. Eu confiava muito nas auxiliares do período. Cuidavam dele com tanto amor que sabia que jamais fariam isso.

Sua pressão arterial e sua frequência cardíaca já não se mantinham estáveis. Apesar de toda experiência que adquiri durante os seis anos, não atrelei o excesso de sono à baixa de sua pressão.

Passou-se janeiro, fevereiro, março e em abril, ele começou a adoecer.

Tinha uma febrinha constante que não passava.

Chegamos a fazer um RX e seu médico pediu para removê-lo para tratá-lo de uma pequena pneumonia no hospital. Enquanto isso, sua pressão continuava baixando.

Foi tratado por alguns dias e a médica solicitou o *home care* para sua volta para casa.

Sempre observei e acompanhei de perto seus parâmetros hemodinâmicos. Ainda no hospital, percebi que sua pressão, mesmo com medicação, ainda se mantinha baixa. Questionei a equipe. O Dr. Paulo, que também o acompanhava de perto, me posicionou. Afirmou que ele foi acometido por uma involução neurológica e que seu organismo já não conseguia mantê-lo dentro dos parâmetros equilibrados. Disse que não havia mais nada que pudesse ser feito e que ele voltaria para casa daquele jeito.

Estava achando tudo aquilo muito estranho.

No dia em que o levamos para o hospital, tive um sonho em que Deus falou comigo. Como é importante estar conectado em intimidade com o nosso Pai. Muitas vezes somos desafiados a nos calar para ouvir Sua voz. Pedimos tanto a respeito de nossas próprias vontades e acabamos não ouvindo o que de fato Ele quer trabalhar em nós e em nossas vidas.

O sonho tratava-se daquela internação.

Estava na recepção do hospital entregando documentação e assinando papéis quando o Senhor me falou, enfaticamente: - "ele não voltará mais para casa!"

Lembro-me do sonho até hoje. Foi real!

O médico, então, pediu o *home care*. Foi o tempo de

implantarmos tudo novamente e marcamos a volta para casa.

Sua mãe era quem, em todas suas idas e vindas de ambulância, acompanhava-o. Tenho certeza de que ele sentia-se muito seguro com ela.

Eu ia na frente quando precisava interná-lo e quando voltava, estava em casa para organizar todas as coisas e recebê-lo.

Quando eles já estavam a caminho, lembro-me que estava no banheiro, escovando os dentes e conversando com minha mãe ao telefone. Como minha confidente, havia contado do sonho para ela.

Falávamos do que o Senhor havia dito. Comentei com ela que podia ter sido algo da minha cabeça mesmo, porque ele estava sim voltando para casa.

Todos os profissionais já haviam chegado para a nova implantação. Estavam as auxiliares, o fisioterapeuta e uma enfermeira do *home care.*

Quando o tiraram da ambulância, imediatamente percebi que ele não estava bem. Estava totalmente sem cor e sem reação.

Falei para o médico da ambulância acerca de seu aspecto, e ele não deu a mínima atenção. Disse que logo o Eduardo se reanimaria, que havia sido o transporte. Acabou indo embora e nos deixou naquela situação.

Subimos com ele até nosso apartamento. Colocamo-lo na cama e ele continuava do mesmo jeito. Medimos a pressão e estava baixíssima. O fisioterapeuta e a enfermeira fizeram vários procedimentos e ele não voltava. Não correspondia aos estímulos de dor, nada.

Já estava quase parando. Enquanto ela ligou para o médico do *home care*, que passou para ela a prescrição de uma medicação para ser ministrada naquele momento da intercorrência, liguei para o Dr. Paulo, que disse que, com aquela ministração, ele deveria voltar em 40 minutos e assim que ele voltasse, era para voltar com ele para o hospital.

Realmente ele não voltou mais para casa! Realmente o Senhor havia falado comigo!

Chamamos novamente uma ambulância e o levamos de volta. Tudo tão desgastante, tão dolorido!

Fizemos todo o processo da nova internação. Ele

foi direto para a UTI semi-intensiva e ali permaneceu por mais alguns dias.

Num desses dias, o Dr. Paulo me ligou e marcou uma conversa comigo. Nos encontramos em frente ao quarto em que o Du estava e ele me deu um ultimato. Disse que realmente não havia mais nada a ser feito e que ele mesmo não deixaria mais que eu o levasse para casa.

Reafirmou que, como ele havia tido aquela involução neurológica, poderia parar a qualquer momento.

Que eu deveria, a partir dali, pensar em quem ficaria, principalmente nas meninas, afinal, se morresse em casa, poderia ser muito traumático para elas.

Perguntei o que pretendia fazer. Ele me sugeriu levá-lo para um Hospital de Retaguarda. Não tinha ideia do que se tratava.

Ele me explicou: Hospital ou clínica de retaguarda, ou ainda conhecido como hospital de transição, é um tipo de internação usada para tratar pacientes com doenças crônicas ou em cuidados paliativos que demandam longos períodos de tratamento.

Inicialmente resisti. Chorei e disse que ele voltaria sim para casa dele. Ele se posicionou e disse que não permitiria. Frisou que já era tempo de liberá-lo e cuidar das emoções das meninas.

Disse que pensaria e que conversaria com a mãe e irmão do Du.

Entrei em seu quarto e, em prantos, conversei com ele. Sabia que ele podia me compreender. Nossa conexão havia sido estabelecida.

Eu podia sentir o pulsar do seu coração. Eu colocava meu rosto em sua boca para que ele fizesse movimentos de um beijo.

Eu lhe disse: - *Du, peça ao Senhor, o nosso Deus, para te tirar dessa situação, desse sofrimento, amor. Não conseguimos mais te ver assim! Clame o que está em seu coração. Se for o descanso, peça a Ele! Vamos ficar bem, pois Ele suprirá tudo o que as meninas e eu precisarmos!*

Ele olhou para mim, esboçou um sorriso e entendeu!

Foi muito difícil aceitarmos, mas não havia mesmo como ele permanecer em casa. Era como ter uma bomba-relógio prestes a explodir.

O momento era de olhar para tudo o que já havíamos feito e passado, de olhar para minhas filhas, que mesmo nesse cenário, cresceram sabendo que tinham um pai, que esteve conosco, por todo aquele tempo, para que elas também pudessem conhecer sobre fé e resiliência.

Perante tudo isso, decidimos seguir a direção médica e fazer a solicitação ao convênio, que liberou a transferência imediatamente.

Minha oração era que toda a decisão vinda dos médicos fosse a do Senhor. Eu, mais do que nunca, cria em seu controle.

"O Senhor estabeleceu o seu trono nos céus,
e como rei domina sobre tudo o que existe."
Salmos 103:19

CAPÍTULO 12

A ENTREGA NECESSÁRIA

"Mas escolhi, naquele momento, que não me deixaria sucumbir pelas minhas próprias emoções. Escolhi superar o que estava por vir com sabedoria e resiliência. Escolhi ser capacitada pelo Senhor, que estava pronto para me abençoar e ser tudo que eu precisaria a partir dali."

Chegou o tempo de baixar as armas. Tempo de entregar todos os sonhos de uma segunda chance no altar.

Entregar, para nós, seres humanos, às vezes tão orgulhosos e cheios de vontades próprias, realmente pode ser muito dolorido.

Mas escolhi, naquele momento, que não me deixaria sucumbir pelas minhas próprias emoções. Escolhi superar o que estava por vir com sabedoria e resiliência. Escolhi ser capacitada pelo Senhor, que estava pronto para me abençoar e ser tudo o que eu precisaria a partir dali.

Marcamos a transferência e o levamos para o tal Hospital de Retaguarda. Estávamos no mês de junho.

Chegamos lá no cair da noite. Tudo tão diferente. Os protocolos eram muito diferentes do que estávamos acostumados. Eles foram fazer um procedimento de aspiração da traqueostomia sem uma luva estéril - como assim?

Fiquei enlouquecida. Não podia ficar para passar a noite por conta das meninas. Sua mãe, que chegou com ele na ambulância, ficou e foi orientando os profissionais para que fizessem tudo de acordo com o que já havíamos aprendido e que era melhor para ele.

Nesse sistema de cuidado, eles não exigiam que ele ficasse acompanhado. Contudo, achamos melhor contratar cuidadores para o acompanharem 24 horas.

Continuei com as visitas diárias às tardes, as coisas foram se ajustando.

Passou-se junho, julho e, em agosto, ele começou a ficar febril. Sua temperatura estava variando entre 37o e 37,5o. Eu já conhecia, há bastante tempo, como seu organismo funcionava. Sabia que aquela temperatura estava indicando algo errado.

Os médicos da clínica diziam que não era nada, que estava dentro dos parâmetros normais. Mas bati o pé e fiz com que começassem a fazer exames para saber do que se tratava.

Baseado nos resultados, começaram a administrar alguns antibióticos que não faziam efeito.

Comecei a ficar muito preocupada e já passei o que estava acontecendo para o Dr. Paulo, que foi acompanhando dia a dia aquele quadro.

Já em setembro e com aquela temperatura que não baixava, tentaram um último medicamento. Não conseguiram diagnosticar o que estava acontecendo.

Decidi que o transferiria novamente para o Hospital Nove de Julho.

Estava com minhas forças esgotadas. Tanto minhas forças físicas como as emocionais, porque já não suportava vê-lo sofrer, como minhas forças espirituais, todas esgotadas.

A declaração *"entrega teu caminho ao Senhor"*, que está no Salmos 37:5, é construída de uma forma que nos desperta `a tradução original da palavra "entrega", que literalmente significa "rolar", no sentido de se ver livre do peso, que basicamente quer dizer "deixe seu fardo".

Entendi que aquele fardo já não era mais meu. Eu me entreguei completamente nas mãos dAquele que me criou e amou. Eu cri que Ele cuidaria de todas as coisas na minha vida e na vida das minhas filhas.

A entrega foi feita! Depois de seis anos eu estava pronta!

Fui muito apoiada em oração por muitos queridos que o Senhor levantou.

Minha irmã, Juliana, me supria em oração o tempo todo. A irmã Clélia, minha amada e querida amiga, também esteve o processo todinho nos cobrindo com seu coração, disposição e amor pelas madrugadas.

Essas ações de amor foram primordiais para me manterem de pé em um momento tão frágil.

Mais uma vez, fizemos o pedido de transferência.

A equipe médica já estava pronta, aguardando-o. Como de praxe, fui na frente para preparar toda a internação.

Nesse dia, ficamos muito tempo no Pronto Socorro aguardando um leito. Sua pressão oscilava em uma linha baixa. Sua temperatura se mantinha anormal, mas no seu rosto estava a paz de quem, mesmo na inconsciência, crê.

Conversei muito com ele. Acarinhei-o muito. Podia

sentir tanto amor fluindo entre nós!

Chorei com ele. Ri com ele. Tranquilizei-o e disse que tudo ficaria bem!

Ainda podia sentir seu respirar, seu cheiro e sua vida em meio à esperança de um tempo onde seu espírito pudesse se libertar de um corpo que o aprisionava.

CAPÍTULO 13

O FIM ESTAVA À PORTA

"Confia no Senhor e faze o bem; habitarás na terra, e verdadeiramente serás alimentado. Deleita-te também no Senhor, e te concederá os desejos do teu coração. Entrega o teu caminho ao Senhor; confia nEle, e Ele o fará".
Salmos 37: 3-5

Confiar em Deus é nossa melhor escolha. Nunca nos arrependeremos, porque Ele nunca falha!

Depois de quase um dia todo no Pronto Socorro, ele subiu para a UTI.

Fui para casa com meu coração apertado. Eu sabia que o fim estava próximo. Deus havia falado comigo.

Voltei no outro dia para a visita e observei seus parâmetros que ainda se mantinham baixos e com a temperatura um pouco alterada.

Passei a tarde cantando louvores para ele que ainda estava acordado. Eu sempre fazia isso, acho que ele gostava (rs).

E assim foi durante a semana!

Na sexta-feira, o Dr. Paulo ligou marcando um café comigo. Imaginei que ele quisesse pontuar algumas possibilidades de escolha e tive medo.

Pedi para que meu cunhado Lafaiete também estivesse na reunião. Não podia decidir nada sozinha.

Entrei em oração e clamei ao Senhor que tudo o que fosse decidido em relação à vida do Eduardo viesse de uma decisão diretamente dEle, através da conduta que os médicos adotassem.

Escolhi não permitir que o medo, que é o oposto da fé, atrapalhasse minha confiança nas promessas de Deus para nós.

Muitas vezes confundimos fé com confiar. Achamos que trata-se da mesma coisa. Vejo que a fé é o ponto de partida e o confiar, a continuação. Eu creio e logo, confio!

A confiança em Deus é a forma mais eficaz de termos forças para seguirmos em frente. Vem dela a certeza que os planos eternos nos reservam o melhor que está por vir.

A minha escolha foi confiar em Deus, desfrutando da alegria de saber que Ele não falha e que sempre estará no absoluto controle de tudo. Eu não queria decidir mais nada.

Quero te encorajar a confiar. Confiar nos leva a ter uma postura corajosa e de entrega, com a precisão de que viveremos tudo o que Ele mesmo planejou para nós.

No sábado, bem cedinho, nos encontramos no café do hospital e aguardamos pelo doutor.

Ele chegou com uma postura muito serena. Estava pronto a nos dizer como seria a conduta médica dali para frente.

Iniciou a conversa enfatizando que o melhor estava sendo feito pelo Du, que eles não o deixariam sofrer e que todo o sofrimento estava chegando ao fim.

Tranquilizou-nos, deu-nos alguns exemplos, contou algumas histórias. Choramos e ficamos um pouco perdidos com todo aquele contexto.

Ele falou, falou, mas não entendemos o que realmente estava por vir. Ele não foi tão claro!

O Lafa e eu ficamos meio perdidos com o cenário que ele nos passou naquela manhã. Ao mesmo tempo, não o questionamos. Ficamos anestesiados.

Aproveitamos para subir e visitar o Du. Quando entramos em seu leito já o encontramos bem sonolento.

Dei uma olhadinha na lista de drogas que ele tomava e observei que alguns novos medicamentos estavam sendo administrados.

Na segunda-feira tive uma consulta com minha médica. Conversamos sobre o estado do Du e comentei com ela acerca dos medicamentos que haviam introduzido em sua prescrição.

Ela me olhou bem nos olhos e disse: - *Alê, eles entraram com um protocolo de sedação. Vai preparando seu coração, que o fim está chegando!*

Fiquei um tanto quanto desolada. Todavia, recordei-me da minha oração, na qual clamei ao Senhor, de que a conduta escolhida pelos médicos viesse de uma decisão diretamente dEle!

Acalmei-me, mas ainda fiquei um pouco intrigada.

No outro dia, quando cheguei para a visita, encontrei a Dra. Marina. Não me contive e a questionei em relação à prescrição.

Com muito cuidado ela me direcionou à frente do leito do Du, o apontou e me questionou: - *Alessandra, deixe-me te fazer uma pergunta. Você gostaria de estar ali, deitada naquela cama, presa em seu corpo há seis anos?*

Olhei para ela com os olhos marejados, e respondi: - *Claro que não! E ela me disse: - Ele também não! Deixe-o descansar e libere-o para se libertar!*

Todos sabemos que a Unidade de Terapia Intensiva é um setor hospitalar onde os pacientes clínicos têm problemas graves que demandam um cuidado mais próximo, e que muitos, pela complexidade de suas patologias, chegam a óbito.

Ali, diante dele, ela se dispôs e contou-me uma curiosidade de sua experiência diária na UTI. Disse-me que observa nesse ambiente que, quando um paciente está muito próximo à morte, enquanto todos os envolvidos com ele não o liberam e aceitam, o paciente não parte.

Mesmo em seu ceticismo, ela concluiu, com essa observação de todos os dias, que sabe que alguma coisa acontece, mas não sabe dizer o que é.

Eu creio que isso aconteça porque o Senhor nos ama demais e respeita o nosso tempo de entrega e aceitação. Ele realmente é muito fiel.

Ela até achou que estivesse trabalhando meu coração. Entretanto, Aquele que nos ama, não dorme! Ele já estava ministrando e preparando todas as coisas para um novo tempo na dependência absoluta dEle.

Tudo já havia sido entregue em suas mãos. Era nEle que confiava para entregar meu marido à sua vontade.

Na sequência, perguntei à doutora quanto tempo ele teria a partir dali e ela disse que por volta de um mês.

Segui as próximas semanas orando, louvando, clamando e glorificando por tudo até ali.

Os dias seguintes foram tomados por um um sentimento de missão cumprida. Eu sentia o cuidado e o bálsamo derramado sobre nós. Ele esteve todo o tempo presente e no controle de tudo.

Crer desta forma nos leva a viver uma paz inexplicável. Sair de cena das nossas próprias vontades nos proporciona um descanso incomensurável.

Fizemos tudo o que podíamos. Ele deu a palavra final!

"*E a paz de Deus, que excede todo o entendimento, guardará o vosso coração e a vossa mente em Cristo Jesus.*" Filipenses 4:7.

CAPÍTULO 14

PORQUE DELE, POR ELE E PARA ELE SÃO TODAS AS COISAS

"Tudo tem o seu tempo determinado,
e há tempo para todo o propósito
debaixo do céu." Eclesiastes 3:1

Tudo é dEle, por Ele e para Ele! Essa convicção permeia meu coração, assim como a luz permeia a escuridão.

Os dias mais doloridos, e ao mesmo tempo mais esperançosos, estavam passando.

Mesmo sedado, com os olhos fechados, o Eduardo percebia a entrada de sua mãe no box da UTI. Era impressionante! Ela conversava com ele que, aos poucos, abria os olhos e parecia interagir com ela e amar o conforto que suas palavras carregavam.

A ligação materna é sobrenatural. Eles se comunicavam apenas com o olhar. Nem mesmo a sedação à qual ele estava submetido pôde impedir tal conexão. O amor de uma mãe acalma e conduz à paz. Foi lindo ver o que Deus permitiu acontecer entre os dois.

Lembra-se que a doutora havia me falado que, da forma como ele estava, poderia permanecer por até um mês? Neste momento recordei-me da minha conversa com o Espírito Santo, no primeiro dia do ano, enquanto lavava a louça da noite anterior de réveillon.

Lembra-se que Ele me disse que o recolheria em novembro?

Estávamos mais ou menos no meio de setembro. Um mês daria em outubro, mas o Senhor havia falado comigo. Para novembro ainda faltavam dois meses.

O processo sempre precisa ser completamente concluído. Não adianta querermos apressar as coisas. Ele é o dono do tempo. Em Eclesiastes 3:1, está escrito: "*Tudo tem o seu tempo determinado, e há tempo para todo o propósito debaixo do céu.*"

Deus permanecia trabalhando em nossos corações.

Fui preparando as meninas com todo cuidado e amor. De tudo o que passamos, essa era a parte mais dolorida. Eu teria que conduzi-las à realidade de suas vidas: a de que não teriam um pai para sempre e à dor de conviver sem essa figura, que nos conecta diretamente com o nosso Pai do Céu, que ama, que cuida, que provê, que abençoa e que traz segurança. Elas nunca mais poderiam desfrutar dessa dádiva na Terra.

Continuei firme, ministrando-as sobre tudo o que estava acontecendo. Levando-as a crer que Deus sempre esteve e sempre estará conosco, mantendo-nos de pé. Que as colocaria em seu colo e as cuidaria para sempre. Que Ele era o Pai que elas podiam contar eternamente.

A dor que invadia minha alma era a mesma que trazia alívio ao meu coração.

Alívio de saber que ele já estava a caminho da liberdade, do descanso.

Saber que estive com ele nessa jornada de restauração, crescimento e, sobretudo, amor, levou-me a analisar o quanto esse deserto me abençoou, o quanto transformou-me e lapidou meu caráter.

Cresci demais como pessoa e posso, hoje, desfrutar dos bons frutos que essa condição me trouxe.

Continuei os dias indo ao hospital. Alguns amigos que ainda não haviam estado com ele começaram a ir até lá para se despedirem.

O consolo envolvia nossos corações através das palavras, das orações, do silêncio. Presenciei promessas sendo feitas a ele à beira daquele leito. Era lindo o que Deus estava me permitindo testemunhar.

O medo havia ido embora. Eu me sentia consolada e muito amada. Através dos meus sentidos, eu percebia um bálsamo aliviando minha dor e derramando sobre mim um consolo sobrenatural.

Pode parecer um pouco louco, mas essa entrega me proporcionou um regozijo, uma satisfação em estar vivendo a vontade do Senhor. Eu podia sentir um alívio profundo em minha alma.

Iniciou o mês de novembro, os médicos estavam impressionados com a resistência daquele homem. Ele era muito forte.

Ele já não abria mais os olhos. Percebemos que o fim estava bem próximo.

No dia 13 de novembro levantei para mais um dia daquela rotina que se estendia há meses. Cuidei das meninas, troquei-as, servi o café da manhã, dei uma ajeitada na casa, preparei o almoço, arrumei tudo e as levei para a escola.

Passei para pegar minha mãe, e fomos para o hospital. Quando entramos, observamos que seus parâmetros estavam bem baixinhos. Sua aparência já demonstrava o que estava por vir. Oramos e louvamos com ele. A paz invadiu aquele lugar.

Comecei a pensar o que iria fazer. Liguei para sua mãe, Cleide, e contei como ele estava. Ela disse que estava indo para lá.

Aguardei que ela chegasse e decidi que eu mesma buscaria as minhas meninas na escola. Sabia que aquele momento não seria nada fácil para elas.

Ela subiu para ficar com ele e foi me posicionando. Saí de lá e fui direto buscá-las no colégio.

Quando entraram no carro, comecei a conversar com elas. Fui levando-as à realidade e preparando--as. Uma missão extremamente desafiadora, de alcançar a compreensão no coração de uma menina de nove e outra de 6 anos. Já imaginava o quanto seria difícil.

Levei-as para casa e comecei a preparar o jantar. Estava fritando os bifes quando me lembrei que havia comprado uma camisa para ele.

Suas camisas sempre foram um grande desafio em minha vida doméstica (rs). Como ele era um homem muito grande, óbvio que suas camisas eram gigantes. Tive que, eu mesma, aprender a passá--las. Relutei por dias para abrir a tábua. Sabia que seria a última que passaria para ele.

O telefone tocou. Meu coração disparou. Quem

atendeu foi a Isa, que de longe falou: - *mamãe, a vovó Cleide no telefone.*

Minhas lágrimas começaram a escorrer pelo meu rosto. Peguei aquele aparelho e perguntei o que havia acontecido. Ela, com uma voz serena, me disse: - *acabou Alê, ele descansou!* Contou-me que antes de sair para comer alguma coisa, orou com ele e disse que ele podia descansar, que ela, eu e as meninas ficaríamos bem. Quando ela voltou, após alguns minutos, ele deu seu último suspiro!

As meninas perceberam o momento e também começaram a chorar copiosamente.

A Rebecca sentou em meu colo e chorava muito dizendo: - *minha esperança acabou, nunca mais vou saber como é a voz do meu pai, ele nunca vai me buscar na escola, nunca vai me buscar na natação*!

A Isa, ao meu lado, abraçada conosco, também chorava inconsolavelmente, e disse: - *acabou, meu pai morreu!*

Comecei a dar a notícia. Meus pais correram para minha casa. Algumas amigas também foram para lá. A Gabi e seu marido Fernando, nossos amigos, disseram que me levariam ao hospital.

Com a casa cheia, todos ali me ajudando e consolando, tive que abrir a tábua.

Minha amiga Renata seguiu-me até a lavanderia e me perguntou o que eu estava fazendo. Em prantos, respondi a ela que passaria a última camisa para meu marido. Juntas, choramos e nos alegramos pelo descanso do Du e por que ela tinha seu marido vivo para cuidar e amar.

Preparamos as meninas para dormirem na casa da Cirlene, minha amiga, que já havia corrido para minha casa.

A Gabi e o Fernando chegaram e saímos para o hospital.

Fomos conversando e lembrando de muitas coisas que vivemos como casais amigos. Nesse caminho fomos transportados para a época em que passávamos horas caminhando na areia, observando o mar e rindo ao mesmo tempo que lamentávamos a luta da esterilidade que vivemos juntos, pois tínhamos o mesmo diagnóstico. Lembramos das pescarias que os meninos planejavam e faziam juntos.

Quando chegamos, lembro-me do trajeto dentro do elevador, com aquela camisa nas mãos, do térreo até a UTI. Pensava no que estava me aguardando. O dia do fim havia chegado. Como seria ao abrir aquela porta?

Ali já estavam muitas pessoas. Seu pai, Lafaiete, correu em minha direção e me abraçou. Na sequência, sua mãe, irmão, cunhada, amigos e parentes que estavam naquela recepção, certos de que todo o melhor havia sido feito por ele.

A hora certa havia chegado e a vontade do nosso Deus, que é soberano, acabara de ser feita. Com uma resposta salvadora e única, Ele estava nos chamando para um novo tempo de aliança e confiança no que preparou para cada um que ali estava.

Nessa trajetória, tivemos o privilégio de conhecer Jesus e seu poder, em Sua perfeita essência. Tudo isso foi um milagre que seria refutável não creditar a Deus.

Muitos ouvirão Sua voz ou até serão ressuscitados. Porém, Ele escolheu recolher o Du em seus braços para desfrutar de uma vida eterna em Sua presença.

A camisa e seu terno, que já estava lá, foram entregues e deu-se início a todo o trâmite necessário.

Levaram-me para casa, e passei a noite sem pregar os olhos.

Pela manhã, bem cedinho, meus pais me levaram para o local no qual seria feito o velório. Chegamos para o último de 2232 dias de uma experiência sem precedentes.

Sim, foram 2232 dias de muita luta nas batalhas, muitos medos, noites mal dormidas, fé, esperança, dor, entrega, desafetos, exigências, crescimento, amadurecimento, crises, confiança e, mais uma vez, sobretudo, de amor!

Quando cheguei, meu coração estava na boca. Uma palpitação que não me deixava respirar direito. Como seria encontrá-lo ali? Foi inevitável a sensação de impotência e, ao mesmo tempo, regozijo de ter cumprido tudo, absolutamente tudo o que há dezesseis anos daquele dia, eu havia prometido no altar.

Muitas vezes, quando firmamos uma aliança diante de Deus, não fazemos ideia do que seria a possibilidade de sermos desafiados a cumpri-la.

No dia 06 de abril de 2001 prometi, ao amor da minha vida, ser fiel, amá-lo e respeitá-lo, na alegria e na tristeza, na saúde e na doença, na riqueza ou na falta dela, todos os dias das nossas vidas, até que a morte nos separasse.

Esse embasamento me levou a escolher cumprir essa aliança. Foi a melhor escolha da minha vida. Honrá-lo com fidelidade e lealdade até que o melhor acontecesse.

Fui acometida de uma sensação de cumprimento de um lindo chamado e de todo o propósito que Ele tinha para nós, de uma alegria de ter vencido e chegado até ali ilesa de sequelas e firmada na convicção de uma grande vitória em Cristo.

As pessoas foram chegando. Muitas passaram por lá. Como disse logo no início, ele era um homem extremamente simpático, empático e gentil. Era muito querido por quem era e por sua entrega em servir a quem dele precisasse. Tinha muitos e muitos amigos e sua despedida se parecia com a de um artista.

Um tio querido chegou e perguntou para minha mãe quantos corpos estavam sendo velados no local, devido à imensidão de pessoas que enchiam aquele lugar.

Minhas filhas vieram se despedir do pai. Levamo-

-las, com muito cuidado, até ele, que ali estava com um semblante lindo. Semblante de quem já estava no céu, louvando pessoalmente o seu Deus.

A Rebecca ficou olhando para ele do colo de sua avó, e se despediu. Pediu para sair e não quis ficar para o enterro. A Isa ficou o tempo todo ao seu lado, acarinhando-o e usufruindo daqueles últimos momentos.

O Pastor logo se posicionou perto do horário de fechar o caixão. A sala estava lotada, mal se podia andar lá dentro.

Todos podiam sentir uma paz inexplicável. A alegria de vê-lo descansar nos braços do Pai era de uma grande satisfação.

Seu louvor preferido sendo cantado invadiu lindamente aquela sala e todos puderam sentir a presença do Senhor. Aquele som ecoava e levou a todos que ali estavam a adorá-Lo. Foi lindo demais! Posso ouvir aquelas notas até hoje:

"Porque Dele, por Ele,
para ele são todas as coisas
A Ele a glória pra sempre, amém
Quão profundas as riquezas,

o saber e o conhecer de Deus
Quão insondáveis seus juízos e
seus caminhos
A Ele a glória pra sempre, amém"

Os meus braços estavam estendidos ao alto, adorando-O por tudo o que havíamos vivido! Podia sentir Seu grande amor por mim, dizendo-me que todas as coisas eram dEle e para Ele, e que tudo ficaria bem.

Após esse lindo cântico, o Pastor ministrou uma palavra, e, posteriormente, abriu a oportunidade para quem quisesse falar.

Seu irmão, eu e, na sequência, meu tio Fabio, um tio querido que esteve conosco em toda essa jornada. Dormiu várias vezes com o Du no hospital. Junto com a Luciana, minha tia, ajudou-me muito com as meninas, como fazem até hoje, sendo tios amorosos e companheiros. Aqui agradeço tudo o que fizeram por nós.

Ele expressou sua gratidão pela grande diferença que o Du fez em sua vida em um momento muito difícil de depressão. Agradeceu pelo Eduardo ter caminhado com ele até que se levantasse.

Muitos outros testemunhos foram contados ali, até relatos sobre a diferença que fez na vida das pessoas por passar por tudo o que passou na cama. Ele realmente foi chamado para ganhar vidas.

Por último, seus pais, que são separados, juntaram-se à beira de seu corpo, para louvarem juntos, a mesma música que cantavam para ele quando criança.

Cada detalhe, cada palavra, cada abraço foi preparado por Ele. Como Ele nos ama e cuida de nós!

A hora da despedida havia chegado. Chorei e cri que aquele era o melhor tempo. O caixão foi fechado.

"É assim que descobrimos o significado do amor. Só o amor nos dá condições de cuidar do outro até o fim. Por isso eu digo: feliz aquele que tem ao final da vida, a graça de ser olhado nos olhos e ouvir do outro: "você não serve pra nada, mas eu não sei viver sem você"." *Padre Fábio de Melo*

Na passagem de Coríntios 13:1 está escrito que o amor tudo sofre, tudo crê, tudo espera, tudo suporta e que nunca falha.

O amor é uma escolha com uma força resiliente, capaz de vencer todos os desafios que forem colocados à sua frente. Ele não se apressa, pois entende que a cura exige tempo e dedicação. Amar é poder pensar em todas as possibilidades de serventia de uma pessoa.

Amá-la enquanto ela pode caminhar com você, auxiliar-te nas decisões, prover sustento, prazer, enquanto ela te serve para algo e sem adversidades, pode ser uma condição capaz de ultrapassar obstáculos. Mas e se as coisas não correrem bem assim?

Será que realmente amamos ou estamos interessados naquilo que podemos receber em troca?

O amor proposto pelo Senhor é o amor que nos faz analisar não a serventia, mas sim a essência, o significado daquele para quem dizemos: Te Amo!

É um amor que não desiste facilmente e encontra formas de frutificar em meio às dificuldades.

Quando realmente amamos alguém, somos capazes de suportar sua ineficiência, seguir segurando em sua mão e permanecer inabalável.

Vivi um tempo em que o amor sem trocas foi o

pilar do meu caminhar. Rompi todas as barreiras e segui honrando Aquele que primeiro me amou e aquele ao qual Ele me uniu, para completar um propósito em matrimônio.

> Posso te dizer, com toda convicção: **VALE A PENA!**

Ter a certeza de que cumpri a missão que me foi delegada não tem preço.

O legado deixado para minhas filhas e todos os frutos que foram produzidos é, de longe, o melhor presente que poderia receber em minha vida.

Mais valioso que qualquer jóia, dinheiro ou ornamento, foi receber desse amor que veio direto do trono de Deus sobre mim e sobre minhas florzinhas. É desse amor que vem o valor da vida!

Estamos nesta Terra para usufruí-la, é claro. Viver o melhor dela é promessa para os filhos de Deus. Porém, se não for para amar quem está conosco e as vidas que precisam ser alcançadas, tudo isso não faz o menor sentido.

Cada palavra que escrevi aqui é real e tudo o que passei me levou a refletir e questionar:

Até que ponto vai o **amor?**

Não acredito em uma resposta certa, exata. Cada um vive sua verdade envolto por suas perspectivas, valores e objetivos. Contudo, a minha experiência, levou-me a concluir que o AMOR vai até onde cremos, até onde confiamos, até onde entregamos e até onde amamos... ele vai até o fim. Até o fim de nossa jornada nesta Terra, pois sem amor, nada, nada valeria!

Muito ainda estava por vir!